UNIVERSALE I

I lettori che desiderano informarsi
sui libri e sull'insieme delle attività della
Società editrice il Mulino
possono consultare il sito Internet:

**www.mulino.it**

GIUSEPPE MAMMARELLA

# L'ITALIA DI OGGI

Storia e cronaca di un ventennio
1992-2012

IL MULINO

ISBN  978-88-15-23939-6

Finito di stampare nel mese di marzo 2014 dalla litosei, via Rossini 10, Rastignano, Bologna www.litosei.com

Stampato su carta Arcoprint Milk di Fedrigoni S.p.A., prodotta nel pieno rispetto del patrimonio boschivo

# INDICE

# INTRODUZIONE

La nascita di un governo tecnico che per i modi della sua formazione e il suo profilo non ha esempi nella storia della Repubblica conferma l'eccezionalità della situazione in cui si trova il paese a metà del 2012, quando si conclude questo libro. Non è soltanto la gravità della crisi finanziaria italiana e internazionale a rendere tale soluzione senza alternative: essa è infatti anche la diretta conseguenza del fallimento dei due progetti politici, nati dalle ceneri della prima Repubblica, che nell'ultimo ventennio si sono alternati a orientare la politica italiana, avvicinandosi in alcuni momenti, ma rimanendo lontani e reciprocamente ostili per la maggior parte del percorso, fino a dividere profondamente il paese.

Il primo dei due progetti è quello identificabile con i partiti del centrosinistra, l'altro è quello proposto da Silvio Berlusconi al momento del suo ingresso in politica. Il primo mirava a fare dell'Italia un «paese normale», il secondo prometteva una «rivoluzione liberale». La «normalità» del primo nasceva come alternativa alle anomalie emerse dal crollo della prima Repubblica: eccezionale diffusione della corruzione politica, egemonia mafiosa, finanza insostenibile, un sistema istituzionale obsoleto e inefficiente. Quello del centrosinistra era il classico programma riformista che non rinnegava l'esperienza della prima Repubblica, e anzi ne sosteneva la continuità, ma puntava a correggerla riconfermando il primato dello stato pur affidato alla supplenza dei partiti storici. Il paese normale sarebbe stato liberato dai pesanti condizionamenti delle mafie (quelle geografiche, ma non quelle istituzionali e professionali), ragionevolmente purgato dalle espressioni più intollerabili della corruzione politica e avrebbe goduto di una maggiore stabilità da realizzare con un'incisiva riforma della seconda parte della Costituzione (la prima restava intoccabile) al fine di rafforzare l'esecutivo. Si trattava in sostanza di rinnovare il paese senza alterarne le basi e i valori fondativi, quelli di una democrazia nata dalla lotta antifascista e dal compromesso tra le principali correnti politiche della nazione.

La rivoluzione liberale promessa da Berlusconi puntava a trasformare il paese in una moderna società capitalistica secondo il modello anglosassone. Il progetto berlusconiano partiva dallo smantellamento delle premesse storiche e ideologiche della prima Repubblica, legate alla cultura di sinistra, e secondo il modello reaganiano mirava a indebolire lo stato, il suo ruolo e le sue strutture attraverso la riduzione delle tasse e il rilancio dell'iniziativa individuale finalizzata alla creazione di un «capitalismo compassionevole», che al *welfare state*, non più sostenibile, sostituisse una politica di limitati interventi nel sociale quando lo richiedessero le difficoltà dei ceti economicamente deboli. A semplificare e a rendere più rapidi i processi decisionali avrebbe dovuto provvedere un sistema bipolare in cui maggioranza e opposizione, alternandosi al governo, avrebbero dovuto svolgere politiche convergenti in una continuità di fini diretti a emarginare il discorso politico e il relativo dibattito a vantaggio di un attivismo (la «politica del fare») che impegnasse il paese su obiettivi essenzialmente economici.

Il ventennio 1992-2012 si chiude con il fallimento di ambedue i progetti. Quello del centrosinistra si arena sulle divisioni interne alla coalizione e sulle reciproche diffidenze dei suoi componenti. I governi di centrosinistra riusciranno a debellare un'intera generazione mafiosa attraverso un forte impegno di polizia e magistratura (ma altre mafie più potenti e più invasive nasceranno nel paese), dimostreranno una maggiore attenzione ai problemi finanziari, grazie alla preparazione per l'ingresso nell'euro, ma non affronteranno mai sistematicamente il problema del debito per non intaccare le basi dello stato sociale, perderanno la battaglia contro la corruzione e falliranno l'obiettivo della riforma istituzionale. Infine il centrosinistra si esaurisce in un'opposizione puramente nominalistica a Berlusconi e si dispone a sostituirne l'egemonia senza un programma alternativo.

La rivoluzione liberale invece è fallita, e neppure cominciata, perché il suo promotore non ha dato sufficiente attenzione alle idee e alle strategie (salvo quelle puramente elettorali), e non è riuscito a presentarle in un contesto programmatico facilmente comunicabile. Gli è mancato il concorso di una classe politica che ne condividesse gli obiettivi: quella che si è raccolta attorno a lui era troppo eterogenea e troppo culturalmente impreparata a gestire un complesso cambiamento. Più che una rivoluzione, Berlusconi ha guidato una restaurazione a favore delle classi benestanti. Del programma annunciato al momento della sua «discesa in campo» sono mancate la riduzione delle tasse sul lavoro e sull'impresa, le liberalizzazioni delle proprietà statali, lo smantellamento di una burocrazia oppressiva e ossessiva e degli interessi corporativi sottostanti; è mancato l'aiuto a una ricerca libera, il rilancio delle infrastrutture ed è mancata una società più laica e meno ossequiente all'influenza della Chiesa, l'humus culturale necessario all'attuazione di un liberalismo autentico. Valgono come attenuanti le difficoltà della congiuntura internazionale nel 2001 e nel 2008 all'inizio delle due maggiori esperienze di governo e la guerriglia di una magistratura politicizzata; a suo parziale merito va riconosciuto di avere assicurato un periodo di relativa stabilità, che tuttavia non è servito a porre mano alle complesse problematiche del paese.

I due fallimenti sono costati all'Italia un ritardo ventennale: non solo il paese non è progredito, ma per molti aspetti è arretrato fino a mettere a rischio le conquiste economiche e sociali che pur erano state conseguite nei momenti migliori della prima Repubblica. La crescita economica prima è rallentata, poi si è arrestata del tutto. Le differenze di reddito e di stili di vita tra le classi si sono accresciute come in pochi altri paesi europei, fino a riproporre quelle disparità di cultura e di opportunità che, se non scomparse, si erano attenuate grazie all'evoluzione avvenuta nei decenni. Una società invecchiata si è ripiegata su se stessa, vittima delle proprie paure e dei propri egoismi, e ha perso quello spirito internazionalista che la rendeva sensibile ai problemi degli altri popoli. I governi si sono isolati in una specie di limbo separato dal resto del mondo, con il quale abbiamo smesso di dialogare: con il risultato che al momento della crisi ci siamo trovati di fronte a una situazione totalmente imprevista. Se agli inizi degli anni Novanta, quando si cominciò a parlare di declino, il giudizio era controverso, oggi il declino si sta trasformando in deriva e nessuno negherebbe che sulla base dei dati della crisi, ormai fin troppo noti, c'è da temere per il futuro del paese. Se la crescita restata ferma per troppo tempo non riprende, potremmo rischiare l'irreversibilità del declino.

Nel corso dei 150 anni della sua esistenza come stato indipendente l'Italia ha avuto una classe politica molto differenziata, nelle diverse fasi storiche, per formazione, obiettivi e competenze. Quella attuale, in parte formatasi nell'esperienza della prima Repubblica, in parte arrivata alla politica nell'ultimo ventennio, più che incapace è inadatta a riformare il paese. Impegnata in una continua lotta per la conquista e la conservazione del potere e nella ricerca a ogni costo del consenso, ha lasciato marcire situazioni che avrebbero richiesto interventi tempestivi e impopolari. Gli uomini e le donne ai quali dovrà essere affidato il compito di cambiare il paese dovranno accettare di fare politica con spirito di servizio, assumendosi responsabilità gravi, il peso dell'impopolarità e il rischio di fallire.

Firenze, settembre 2012

G.M.

# CAPITOLO PRIMO

# UNA REPUBBLICA MAI NATA

*Il 1992: un anno da dimenticare*

Alla fine del dicembre 1992, nel periodo in cui d'abitudine la stampa rievoca i fatti salienti dell'anno che sta per concludersi, molti editorialisti scrissero di un anno da dimenticare. In realtà il 1992 va ricordato non solo per le molte disgrazie che avevano colpito il paese, ma anche per le speranze che da quelle vicende erano nate; ciò che era avvenuto e, soprattutto, ciò che prometteva di avvenire avrebbero potuto aprire una nuova e più felice fase della sua storia. Non sarebbe stato così, ma ciò sarebbe risultato chiaro, pur fra alti e bassi, solo qualche tempo più tardi. Per il momento quella seconda Repubblica che veniva evocata e preannunciata da molti sembrava promettere la correzione degli errori e delle mancanze della prima.

L'anno politico era cominciato il 2 febbraio con la decisione del presidente Cossiga di sciogliere anticipatamente le Camere. Il presidente, che per le sue «picconate» (così erano state definite le sue dichiarazioni dirompenti nei confronti della politica e delle istituzioni) aveva rischiato l'*impeachment*, si dimetteva all'indomani delle elezioni fissate per il 5 e 6 aprile. Gli succedeva Oscar Luigi Scalfaro, un politico di lungo corso di cui era nota solo la severità dei costumi. Il 17 febbraio scoppiava lo scandalo del Pio Albergo Trivulzio, una casa di riposo di proprietà del Comune di Milano, allorché il suo presidente, il socialista Mario Chiesa, era colto a incassare una mazzetta di sette milioni di lire. Qualche giorno prima, il 7 febbraio, a Maastricht dodici paesi dell'Unione avevano firmato il trattato che creava la moneta unica. Erano avvenimenti diversissimi, ma il cui impatto avrebbe determinato la vita politica del decennio e oltre.

Le elezioni del 5 aprile non segnavano ancora una nuova fase, che si sarebbe aperta solo due anni dopo con una nuova consultazione anticipata, ma dimostrarono già come i due grandi partiti che, pur nella diversità delle funzioni (l'uno di governo, l'altro di opposizione), avevano caratterizzato il sistema politico dal dopoguerra in poi fossero in crisi irreversibile. La DC scendeva al di sotto del 30% perdendo quasi cinque punti (dal 34,3 al 29,7%). I due partiti eredi del Pci, il Partito democratico della sinistra e Rifondazione comunista, perdevano altrettanto, totalizzando il 16,1 e il 5,6%, rispetto al 26,6% del 1987, quando erano ancora uniti nel vecchio partito (tab. 1.1.).

I socialisti tenevano con un deludente 13,6%, ma il segno principale dell'elezione era l'affermazione di forze politiche nuove: la Lega Nord, con l'8,6%, che riusciva così, da un deputato e un senatore eletti nell'87, a portare 55 rappresentanti a Montecitorio e 25 a Palazzo Madama; e la Rete, movimento più che partito della sinistra cattolica, con l'1,9% e 12 seggi alla Camera. Nata nel gennaio del 1991 si affermava ai due poli della penisola, a Palermo e, grazie anche ai voti dei verdi, a Torino; denunciava il logoramento della DC e il malessere che si stava diffondendo nel mondo cattolico.

Le elezioni erano avvenute in un clima di relativo disinteresse da parte dell'elettorato, ormai in fase di distacco dai partiti e dai loro rappresentanti; improvvisamente, però, l'opinione pubblica venne bruscamente scossa da un nuovo episodio di mafia, il più grave dopo lo stillicidio di assassini di giudici, politici e agenti di pubblica sicurezza avvenuti in Sicilia, l'ultimo dei quali era stato l'uccisione ai primi di marzo di Salvo Lima, eurodeputato e leader della corrente andreottiana nell'isola.

Il 23 maggio 1992 sull'autostrada che collega l'aeroporto di Punta Raisi con il centro di Palermo l'auto di Giovanni Falcone, uno dei giudici di punta nella lotta alla mafia, veniva fatta saltare con una mina posta sotto la sede stradale. Morivano Falcone, la moglie Francesca Morvillo e gli uomini della scorta. Due mesi dopo, il 19 luglio 1992, un nuovo attentato mafioso uccideva il giudice Paolo Borsellino, amico intimo di Falcone, e insieme a lui i quattro agenti della scorta. Alcuni giorni dopo un nuovo assassinio mafioso, quello dell'ispettore di polizia Giovanni Lizzio, a

TAB. 1.1. *Le elezioni del 1992: la fine del pentapartito*

| | Camera dei deputati | | | Senato della Repubblica | | |
|---|---|---|---|---|---|---|
| Elettori | 47.443.427 | | | 41.022.758 | | |
| Votanti | 41.453.971 | | | 35.651.621 | | |
| | (87,2%) | | | (86,8%) | | |
| Voti validi | 39.243.506 | | | 33.328.581 | | |
| *Partiti* | Voti | % | Seggi | Voti | % | Seggi |
| Democrazia cristiana | 11.637.569 | 29,7 | 206 | 9.088.494 | 27,3 | 107 |
| Partito democratico della sinistra | 6.317.962 | 16,1 | 107 | 5.682.888 | 17,1 | 64 |
| Partito socialista italiano | 5.343.808 | 13,6 | 92 | 4.523.873 | 13,6 | 49 |
| Lega Nord | 3.395.384 | 8,6 | 55 | 2.732.461 | 8,2 | 25 |
| Rifondazione comunista | 2.201.428 | 5,6 | 35 | 2.171.950 | 6,5 | 20 |
| Movimento sociale italiano | 2.107.272 | 5,4 | 34 | 2.171.215 | 6,5 | 16 |
| Partito repubblicano italiano | 1.723.756 | 4,4 | 27 | 1.565.142 | 4,7 | 10 |
| Federazione dei verdi | 1.093.037 | 2,8 | 16 | 1.027.303 | 3,1 | 4 |
| Partito socialdemocratico italiano | 1.066.672 | 2,7 | 16 | 853.895 | 2,6 | 3 |
| La Rete – Movimento per la democrazia | 730.293 | 1,9 | 12 | 239.868 | 0,7 | 3 |
| Lista Pannella | 486.344 | 1,2 | 7 | 166.708 | 0,5 | – |
| Altre leghe | – | – | – | 259.360 | 0,8 | 1 |
| Sudtiroler Volkspartei | 198.431 | 0,5 | 3 | 168.113 | 0,5 | 3 |
| Partito sardo d'azione | 154.987 | 0,4 | 1 | 174.713 | 0,5 | 1 |
| Lega autonoma veneta | 152.396 | 0,4 | 1 | 142.446 | 0,4 | 1 |
| Liste autonomiste | – | – | – | 311.481 | 0,9 | 4 |
| Union Valdotaine | 41.404 | 0,1 | 1 | 34.150 | 0,1 | 1 |
| Altre liste | 1.470.909 | 3,7 | – | 1.002.404 | 3,0 | – |
| Schede nulle | 1.334.616 | 3,2 | – | 1.190.258 | 3,3 | – |
| Schede bianche | 875.849 | 2,1 | – | 1.132.782 | 3,1 | – |
| Totale voti non validi | 2.210.465 | 5,3 | – | 2.323.040 | 6,4 | – |

Catania. La mafia, lo si saprà più tardi grazie alle deposizioni dei pentiti, aveva deciso di alzare il livello dell'attacco alle istituzioni e di spostarlo su obiettivi sempre più sensibili. L'anno successivo l'offensiva raggiungerà il suo culmine con gli attentati a Roma, nel quartiere dei Parioli, a Firenze, al palazzo dei Georgofili, di nuovo a Roma con danni alla basilica di San Giovanni in Laterano e alla chiesa di San Giorgio al Velabro, e nello stesso giorno a Milano, dove le bombe uccideranno cinque cittadini.

Il confronto tra stato e mafia avrebbe continuato a svolgersi negli anni successivi. Dopo gli attentati del '93 lo stato riprendeva un'iniziativa che negli ultimi dieci anni aveva avuto difficoltà a mantenere e, grazie al fenomeno dei pentiti e a più severe misure nei confronti dei mafiosi catturati, come il carcere duro (regolato dal famoso articolo 41 *bis*), sarebbe riuscito negli anni a decapitare una intera generazione mafiosa. Ma dalla Sicilia il fenomeno si sarebbe spostato in altre regioni e ad altre organizzazioni: la 'ndragheta calabrese e la camorra napoletana continueranno a fare della criminalità mafiosa una delle costanti della condizione italiana, con pesanti riflessi sul piano sociale ed economico, nonché su quello dell'immagine del paese.


*Tangentopoli*

L'episodio del Pio Albergo Trivulzio, che aveva iniziato a produrre i suoi effetti in sordina, doveva nei mesi successivi diventare per gli uomini della partitocrazia un vero e proprio incubo, e per i partiti un terremoto. I suoi effetti sulle elezioni di aprile erano stati limitati e alla gente era apparso come un episodio di ordinaria corruzione, come tanti ne erano emersi negli ultimi anni, ma non era un caso isolato: Mario Chiesa non era semplicemente un «mariuolo», come lo aveva definito Bettino Craxi, e il suo caso divenne il grimaldello che un gruppo di giovani giudici di Milano, di cui Antonio Di Pietro era l'uomo di punta, usò per lanciare una vera e propria campagna o, come disse qualcuno, una crociata contro la corruzione degli uomini e dei partiti.

In effetti quella crociata si allargò e produsse effetti imprevisti per la loro gravità e la loro ampiezza. La tangente era diventata ormai abituale come contropartita di concessioni, appalti, autorizzazioni e ogni tipo di operazioni finanziarie per cui era richiesto il concorso della cosiddetta mano pubblica. L'establishment economico era stanco e preoccupato per la crescita esponenziale delle tangenti richieste dal personale politico, e si stava servendo da qualche tempo della grande stampa per attaccare il sistema dei partiti. Pertanto il processo di «Tangentopoli», condotto dal pool di «Mani pulite», come verrà ribattezzato dalla voce popolare il gruppo dei giudici milanesi, arrivava dopo un'opportuna preparazione mediatica, che avrebbe contribuito non poco all'enorme impatto prodotto.

Dopo Mario Chiesa, colto in flagrante grazie alle confidenze di una moglie insoddisfatta delle condizioni della separazione, iniziava una vera e propria escalation, che dagli assessori o consiglieri comunali e sindaci, tra cui quello di Milano, si estese a deputati e a leader di partito fino a investire metà del Parlamento, personaggi dell'alta finanza e dell'industria di stato. Espandendosi a macchia d'olio, il dilagare di Tangentopoli sembrava inarrestabile, specie dopo le elezioni di aprile, allargandosi quasi quotidianamente fino a coinvolgere praticamente tutti i leader di partito: Ugo La Malfa del Pri; Giulio Andreotti (accusato di connivenze mafiose) e Arnaldo Forlani, due leader storici della onnipotente DC; Pietro Longo, ex segretario del Partito socialdemocratico, e poco dopo il suo successore Franco Nicolazzi, condannato per lo scandalo delle «carceri d'oro»; Renato Altissimo del Partito liberale; fino all'uomo forte della politica italiana, Bettino Craxi, due volte presidente del Consiglio, che riceveva a dicembre il primo di una serie di avvisi di garanzia.

Data la forte probabilità di una sua incriminazione, Craxi, che all'inizio del '92 era candidato per un terzo mandato alla presidenza del Consiglio, aveva prudentemente passato la mano, indicando per la carica tre dei suoi delfini: Claudio Martelli, Gianni De Michelis e Giuliano Amato. Dalla terna sarebbe uscito Amato, grazie alla preferenza del presidente Scalfaro e dello stesso Craxi, così che alla fine di giugno il governo, un classico quadripartito (DC, Psi, Pli, Psdi), era varato.

Come già l'elezione del presidente della Repubblica, anche la votazione della fiducia parlamentare al nuovo Governo avveniva in tempi relativamente brevi, mettendo l'esecutivo in condizione di operare già ai primi di luglio.

La pressione della violenza mafiosa e quella di diverso segno del pool di Mani pulite avevano messo in fibrillazione l'establishment politico, che tentò di correre ai ripari blindando le istituzioni; ma il tentativo fatto dal governo Amato di depenalizzare il reato di finanziamento ai partiti, con un decreto legge del marzo 1993 (il decreto Conso), falliva per le reazioni della pubblica opinione, che lo ribattezzerà il «decreto salva ladri», e dello stesso presidente della Repubblica, obbligando il governo a ritirarlo.

Una serie di dimissioni di ministri colpiti da comunicazioni giudiziarie (fra i quali lo stesso ministro della Giustizia Martelli, Francesco Di Lorenzo della Sanità e Franco Reviglio di Bilancio e Mezzogiorno) metteva il governo Amato in serie difficoltà costringendolo, in febbraio, a un rimpasto. Nel frattempo dal versante della politica l'azione della magistratura si spostava su quello dell'economia e della finanza, rivelando le connivenze tra partiti e grande industria e una rete di corruzioni che si allargava a nuove attività e coinvolgeva nuove categorie. Dalle malversazioni legate alla gestione del potere locale, la mappa della corruzione si estendeva alle grandi operazioni finanziarie e affaristiche che chiamavano in causa i più importanti complessi industriali e finanziari del paese, la Fiat, l'Eni, la Montedison, e i loro esponenti, Francesco Paolo Mattioli, Cesare Romiti, Gabriele Cagliari, Raul Gardini. L'ammontare delle tangenti versate nelle casse dei partiti e finite nelle tasche dei mediatori, nei conti svizzeri e nei paradisi fiscali di mezzo mondo diventava sempre più cospicuo, e si parlava ormai di decine di miliardi di lire: la maxitangente pagata per il riacquisto da parte dello stato delle azioni della famiglia Ferruzzi, dopo il fallimento della fusione Eni-Montedison, veniva valutata addirittura nell'ordine dei centocinquanta miliardi.

Personaggi del mondo industriale e finanziario, fino al giorno prima influenti e rispettati, venivano sottoposti per giorni, settimane e talvolta mesi al regime di custodia cautelare, con inevitabili disagi e umiliazioni, affinché fornissero ai giudici le informazioni necessarie a ricostruire le complesse modalità delle transazioni e gli itinerari delle tangenti. La maggior parte degli inquisiti, dopo qualche settimana di carcere, accettava di parlare per ottenere gli arresti domiciliari o per riacquistare la libertà provvisoria, ma qualcuno non resistette alle pressioni psicologiche o al regime carcerario e Tangentopoli ebbe le sue vittime. Si suicidarono il deputato socialista Sergio Moroni, il presidente dell'Eni Gabriele Cagliari e l'industriale Raul Gardini, mentre l'amministratore del Psi Vincenzo Balzamo morì di infarto. Qualche tempo dopo non mancarono di levarsi critiche e condanne per i metodi ritenuti non ortodossi del pool, che certamente aveva adottato una prassi relativamente nuova per la nostra magistratura, specie nei confronti dei reati finanziari fino ad allora trattati con una certa clemenza.

Nuovi erano anche i metodi di indagine, in parte giustificabili per le dimensioni del fenomeno. Grazie ai progressi tecnologici si sviluppava infatti il ricorso sempre più frequente a intercettazioni telefoniche che, se permettevano agli inquirenti di accedere a informazioni prima indisponibili, trasformavano il rapporto tra magistratura e società politica in senso sempre più conflittuale, fino a creare un vero e proprio scontro tra potere politico e ordine giudiziario che metteva in pericolo la tenuta degli equilibri istituzionali.

Al di là delle stesse intenzioni dei magistrati, il loro ruolo assumeva, ormai, un'evidente valenza politica. La prassi di far trapelare regolarmente sulle prime pagine dei giornali ciò che avrebbe dovuto essere tutelato dal segreto istruttorio trasformava una giusta indignazione morale in una condanna senza appello, mentre l'uso della carcerazione preventiva, vista da qualcuno come moderna forma di tortura (contro la quale gli avvocati protestarono con uno sciopero durato mesi), portava a confessioni e chiamate in correità, rivelando le gigantesche dimensioni della corruzione politica.

La rivoluzione dei giudici è stata presentata come opera demolitrice di un'intera classe politica. In realtà l'operazione Mani pulite tagliava solo una parte del corpo malato, lasciandone altre intatte o quasi. Il compimento dell'opera era infatti lasciato alla politica in una divisione di compiti che sembrava naturale: eppure proprio questo contributo sarebbe venuto a mancare. Non ci sarebbe stata la rivoluzione culturale che qualcuno (i radicali di

Pannella) aveva auspicato. Alle radici della corruzione c'era l'esistenza di illegalità, piccole o meno piccole, diffuse a ogni livello dell'economia e della società, e, su un piano molto più vasto che coinvolgeva gran parte del paese, il mancato rispetto delle regole. Mentre i partiti si rivelavano incapaci di intraprendere un'azione di risanamento delle proprie organizzazioni e di quel terziario che viveva di attività collegate alla politica, la società civile, a parte la partecipazione a qualche iniziativa referendaria, restava in attesa di soluzioni provenienti dall'alto.

Si riproduceva una situazione non nuova nella storia italiana: quella della ricerca di un capro espiatorio. Come già cinquant'anni prima per le colpe del fascismo, anche per quelle della partitocrazia gli italiani si chiamavano fuori e addossavano le responsabilità del nuovo disastro nazionale alla classe politica e alle istituzioni, in un gioco a somma zero che lasciava le cose come prima.

## La lira di fronte a Maastricht

Il fenomeno dei difficili rapporti tra magistratura e politica era destinato a diventare elemento costante della crisi italiana, ma per il presente un fattore molto più dirompente era una crisi finanziaria eccezionale nelle sue dimensioni e nei suoi possibili sviluppi, come eccezionali furono gli strumenti a cui dovette ricorrere il governo Amato per fronteggiarla. La «montagna del debito» accumulatosi nell'arco di un ventennio era ormai diventata insopportabile e minacciosa per il valore della moneta e la stabilità dei conti pubblici.

Il rispetto dei parametri stabiliti a Maastricht, condizione essenziale per l'ingresso nella futura moneta unica, poneva all'attenzione del paese il problema del debito che, gestito con una serie di abili ma mai definitivi espedienti, era costantemente rimasto, pur con qualche oscillazione dalla metà degli anni Ottanta, al di sopra del 100% del Pil, un livello considerato alla lunga insostenibile. È indicativo della scarsa qualità del dibattito politico che in quegli anni non si sia posto al centro dell'attenzione in modo sistematico e rigoroso il problema delle

18

origini e delle cause del debito pubblico, almeno fino a quando, agli inizi degli anni Novanta, crisi economica e crisi di governabilità non si vennero a sommare pericolosamente. La finanza eccessivamente «allegra» seguita a partire dalla metà degli anni Settanta aveva varie motivazioni, che andavano dalla costituzione, proprio in quegli anni, di un welfare troppo generoso per le possibilità del paese fino alla moltiplicazione dei posti di lavoro nel settore pubblico per la cooptazione nel sistema della generazione della protesta, nonché alla crescita esponenziale della corruzione e degli sprechi del denaro pubblico nei mille rivoli delle attività di partito e delle ricche prebende di una classe politica di cui, nel corso degli anni, si erano moltiplicati numero degli esponenti e pretese. Stava arrivando il momento in cui tali politiche dovevano rivelarsi non più sostenibili.

La fine della guerra fredda poneva termine alla condizione di paese sotto tutela in cui l'Italia era rimasta per un quarantennio e creava l'esigenza che il sistema politico si adeguasse a un modello di democrazia che conciliasse rappresentatività ed efficienza. Ma le attese e le speranze per una politica riformista vennero deluse. Gli impedimenti che nell'ultimo decennio avevano bloccato ogni riforma istituzionale si riconfermavano, e il sistema politico si trovava come sospeso in una condizione di stallo, in attesa di sviluppi per i quali nessuno dei leader dei maggiori partiti di governo prendeva l'iniziativa, nel timore di compromettere gli equilibri cui erano legate le posizioni di potere: quelle personali come quelle della propria parte. All'immobilismo delle istituzioni si sommava la situazione economica e finanziaria, la cui gravità cominciava a emergere grazie anche alle denunce dei media. Si iniziava a parlare sempre più esplicitamente di blocco del sistema, di declino, di incipiente processo di deindustrializzazione, di collasso. Si arrivò a prospettare, fra gli scenari possibili, quello della «sindrome argentina», in analogia con la parabola del paese sudamericano, che aveva visto una società ricca e sviluppata entrare in una fase di decadenza economica e politica da cui sarebbe uscita solo con grandi sacrifici. I dati principali dell'economia nazionale sembravano giustificare quelle prospettive e quei timori.

Dal 1970 al 1990 la spesa pubblica in Italia era passata dal 33,7% del Pil al 52,3% (mentre le entrate fiscali nello stesso periodo erano salite dal 30% del Pil al 42,7%), con un incremento senza eguali rispetto a tutti i maggiori paesi europei, avvenuto in parallelo all'evolversi di un sistema tributario confuso e vessatorio di oltre 200 voci e di un'evasione fiscale fra le più alte dei paesi sviluppati. Nel 1991 il debito pubblico aveva toccato il 101% del Pil contro il 46% della Germania, il 47% della Francia e il 44% dell'Inghilterra. Dei cinque criteri fissati a Maastricht per entrare nell'Unione economica e monetaria (deficit al di sotto del 3% del Pil, debito pubblico inferiore al 60%, tasso di interesse non superiore alla media dei tre tassi più bassi, inflazione non superiore dell'1,5% sulla media dei tre paesi a inflazione più bassa, cambio stabile) l'Italia nel 1991 ne soddisfaceva solamente uno: quello del cambio. Ma cinque anni dopo, a solo tre di distanza dalla nascita della moneta comune, nemmeno quello era più rispettato.

*Un'economia in sofferenza*

A Maastricht l'Italia aveva sottoscritto impegni che imponevano alle finanze pubbliche e soprattutto alla spesa pubblica una «cura da cavallo», resa ancora più severa dal fatto che ai vincoli posti all'economia italiana dal processo d'integrazione europea venivano a sommarsi i riflessi negativi che la riunificazione della Germania scaricava sui partner più deboli. Ma i segni concreti di scelte politiche coerenti con quegli obblighi tardavano a venire. Come per inerzia, il paese continuava a vivere al di sopra delle proprie possibilità, mentre la classe dirigente, occupata quasi esclusivamente nell'esercizio sempre più privato del potere e delle sue logiche spartitorie, sottovalutava i primi segnali di recessione che nel 1991-1992 si cominciavano ad avvertire sui mercati internazionali insieme agli effetti della spirale perversa del debito pubblico e degli interessi composti a saggi crescenti. Per ogni 100 lire prodotte dal paese, lo stato ne assorbiva 43 e ne spendeva 53. I nostri andamenti finanziari erano dominati – scriveva Giuliano Cazzola nel 1992 – dalla presenza di due combinazioni costanti: «La prima vede procedere insieme l'ammontare del debito pubblico e quello del prodotto interno lordo; la seconda unisce la sorte della spesa per interessi passivi a quella del disavanzo del bilancio».

L'economia produttiva, messa in difficoltà dagli squilibri dei bilanci pubblici, non riusciva più a essere competitiva sui mercati internazionali. Sulla crisi industriale italiana pesavano anche cause specifiche legate alla globalizzazione dei mercati. Nel corso degli anni Ottanta il mondo imprenditoriale italiano si era lasciato trascinare dalle facili rendite finanziarie piuttosto che dagli investimenti produttivi; aveva investito poco nella ricerca e nell'innovazione dei prodotti, aveva mantenuto una fragilità strutturale e una frammentazione che, se costituiva una risorsa in termini di duttilità e flessibilità, rappresentava, però, nei settori industriali di punta, un fattore di debolezza.

Ormai da vari anni, per far fronte alle sfide del mercato globale, tutti i maggiori paesi europei avevano cominciato la dismissione delle imprese pubbliche, ma in Italia, dopo la vendita dell'Alfa Romeo passata dall'Iri alla Fiat (1986) e pochi altri casi, il processo si era arrestato. Ora si chiedeva di riprenderlo con decisione. Già dalla fine degli anni Ottanta una parte del mondo imprenditoriale, soprattutto quello della piccola e media industria, aveva avanzato l'esigenza dello smantellamento dell'industria di stato, al fine di rompere quell'intreccio monopolistico tra pubblico e privato che aveva assicurato ai partiti il controllo di tanta parte dell'economia e a poche grandi famiglie industriali una posizione di vantaggio e di privilegio: una situazione in cui la categoria dello «scambio» più che quella della lottizzazione spiegava l'intreccio fra pubblico e privato, fra corporazioni e partiti, fra la «razza padrona» e la «razza predona».

Con il meccanismo dello scambio, gli imprenditori si assicuravano un mercato protetto come quello delle opere pubbliche e degli appalti, fornendo in cambio ai partiti i mezzi finanziari necessari al loro funzionamento; ed era ancora sui vantaggi dello scambio che si era creata l'alleanza fra sindacalismo, clientelismo politico e lobby private: tutti prosperavano grazie a un sistema diventato ormai insostenibile. Erano soprattutto i piccoli imprenditori, più degli altri esposti agli effetti della crisi, ad avvertire che, senza una svolta profonda nei comportamenti e nelle regole del sistema politico, l'apertura del mercato comune europeo e l'adozione della moneta comune rischiavano di innestare un processo di decadenza irreversibile per la nostra economia.

Il nuovo conflitto che si annunciava all'inizio degli anni Novanta era quello che contrapponeva una parte delle classi dirigenti che volevano l'integrazione europea e aderivano ai valori del mercato e della competizione regolata e tutti coloro che, disposti in un ampio fronte trasversale dentro e fuori dalla maggioranza, volevano mantenere il vecchio sistema, rifiutandosi di aggredire il deficit pubblico e di razionalizzare lo stato sociale. Le linee del conflitto in atto erano confuse non solo per il clima politico, caratterizzato da forti tensioni, ma anche per la demagogia con cui era stata affrontata la questione dell'integrazione europea. Nessuno osava dirsi contrario alla scelta europeista, ma pochi avevano il coraggio di indicare al paese, insieme ai vantaggi, i costi e i sacrifici che quella scelta comportava. La gravità della situazione economica e finanziaria, il forte rallentamento della crescita, il persistente deficit nei conti dello stato e un debito pubblico che imponeva alla Banca d'Italia tassi d'interesse elevatissimi erano sintomi di una crisi ormai strutturale che intaccava l'immagine del paese, riducendone il peso nelle sedi internazionali, come dimostravano le valutazioni preoccupate del Fmi e della Cee.

Il governo Amato (nato, come si è detto, in sostituzione di quello già progettato di Craxi, ormai raggiunto dallo scandalo di Tangentopoli), un governo più di tecnici che di politici che aveva il suo punto di forza nella cosiddetta troika finanziaria (Barucci, Reviglio, Goria), tentò d'imboccare la via del risanamento economico, operando, anche col sostegno dei sindacati confederali, scelte dolorose e impopolari, come quella sulla riduzione del costo del lavoro, ma si trovò sulla strada la tempesta monetaria, la rivolta fiscale capeggiata dalla Lega e infine lo sciopero dei lavoratori autonomi, una categoria dove per convinzione generale si annidava la maggior parte dell'evasione fiscale, contro la *Minimum tax*, che attribuiva loro un imponibile minimo.

Il terremoto monetario che si abbatteva sulle valute europee, e in particolare sulla lira, costringeva il governo a una manovra finanziaria che colse di sorpresa il paese per la sua severità: essa comprendeva una patrimoniale sulla casa (Ici), sui conti correnti e i depositi bancari (il 6 per mille), l'aumento dei bolli per patenti e passaporti, e altre misure dirette a «far cassa» per soddisfare pagamenti e scadenze in modo da evitare la bancarotta e la rinegoziazione del debito. L'obiettivo del governo era di raccogliere 30 mila miliardi, ma si trattava solo di un inizio, perché a settembre, in sede di finanziaria, la manovra raggiungeva i 93 mila miliardi: veniva ridotta l'assistenza sanitaria, aumentata l'età pensionabile a 65 anni per gli uomini e a 60 anni per le donne e venivano bloccati i pensionamenti per anzianità durante tutto il 1993 e i contratti del pubblico impiego.

Nonostante la severità delle misure, che l'opinione pubblica accolse con forti proteste ma che il Parlamento approvò con un'insolita rapidità, la lira subiva una serie di svalutazioni, in parte decise in seguito a un riallineamento delle monete all'interno dello Sme (Sistema monetario europeo), in parte successivamente inflitte dall'andamento del mercato e dalle offensive della speculazione internazionale. Nonostante le difese opposte dal governo, attingendo in modo massiccio alle riserve della Banca d'Italia, alla fine la lira usciva dallo Sme e subiva una svalutazione nei confronti del marco attorno al 30%. La moneta italiana non sarebbe stata la sola a essere presa di mira dalla speculazione internazionale, poiché anche la sterlina fu costretta a svalutare, e la peseta spagnola, l'escudo portoghese e la lira irlandese seguirono la stessa sorte: erano le monete degli stessi paesi che quindici anni più tardi si sarebbero trovati al centro di una nuova tempesta finanziaria, rispetto alla quale sarebbero però stati a quel punto l'euro e la banca centrale, in qualche misura, a fare da scudo.

# CAPITOLO SECONDO

# I GOVERNI DELLA TRANSIZIONE

*Le riforme dal basso*

Il governo Amato durò pochi mesi: mesi difficili per il presidente del Consiglio e il governatore della Banca d'Italia, Carlo Azeglio Ciampi, trascorsi sotto la pressione della crisi monetaria internazionale e delle vicende di Tangentopoli che continuava ad allargarsi travolgendo individui e istituzioni e costringendo il governo a continui rimpasti a causa delle dimissioni dei membri raggiunti da comunicazioni giudiziarie. Le difficoltà del partito cattolico in pieno fermento, che la nuova segreteria di Mino Martinazzoli non riusciva a controllare, e la falcidia del gruppo dirigente socialista lasciavano Amato senza il necessario sostegno politico. Era una fase in cui ai partiti tradizionali si andavano sostituendo le iniziative di gruppi nati dalla disgregazione della DC o formatisi spontaneamente attorno a programmi riformistici. Oltre alla Rete dell'ex sindaco di Palermo Leoluca Orlando, dall'ala moderata della DC nascevano i Popolari per la riforma di Mario Segni, rappresentante della generazione politica di mezzo, mentre sul versante laico appariva Alleanza democratica, con Ferdinando Adornato, Giuseppe Ayala e Willer Bordon, che puntava alle riforme istituzionali. Fra questi il più attivo, quello che meglio degli altri riusciva a cogliere gli umori popolari, era il movimento di Segni; nato nel luglio 1992, diventò il più convinto promotore di una nuova legge elettorale e di una serie di referendum che si sarebbero tenuti il 18 e il 19 aprile del 1993 su competenze delle Usl, liberalizzazione della droga, finanziamento dei partiti, casse di risparmio, partecipazioni statali, legge elettorale per l'elezione del Senato e abolizione dei ministeri dell'Agricoltura e del Turismo.

Quelli che attrassero la maggiore attenzione e i maggiori suffragi, grazie anche alla forte campagna dei radicali di Marco Pannella, furono i referendum sul finanziamento ai partiti, di cui veniva chiesta l'abolizione dal 90% dei votanti, e sulla legge elettorale per l'elezione del Senato, per la quale l'82,7% sceglieva il sistema maggioritario. Ma la volontà popolare veniva coartata dal Parlamento, che nel corso dell'estate approvava una nuova legge elettorale rispettando solo parzialmente il responso del referendum. La nuova legge prevedeva l'applicazione del sistema maggioritario a turno unico per due terzi dei seggi, 472 alla Camera e 238 al Senato, mentre i restanti 158 e 77 rispettivamente venivano assegnati su base proporzionale. Il sistema veniva completato con l'introduzione di una clausola di sbarramento che escludeva dalla ripartizione le formazioni politiche che non avessero ottenuto almeno il 4% dei voti validi. Era un tentativo di ridurre il numero dei partiti che sarebbe però stato sostanzialmente vanificato dai patti di desistenza stipulati a livello di collegio, in virtù dei quali alcuni partiti si astenevano dal presentare in certi collegi candidati propri a favore di quelli di partiti alleati, che così avrebbero ottenuto una rappresentanza, altrimenti resa impossibile dallo sbarramento.

L'establishment politico avrebbe dimostrato un evidente disprezzo della volontà popolare con la reintroduzione del finanziamento ai partiti mediante una serie di provvedimenti (legge 515/1993, legge 2/1997, con la quale si assegna il 4 per mille ai partiti politici, e infine legge 157/1999 sui rimborsi elettorali) che prevedeva ben cinque fondi per le diverse consultazioni elettorali di Camera, Senato, Parlamento europeo, Consigli regionali e per i referendum: un totale di 193.173.000 euro in caso di legislatura politica completa, che sarebbe aumentato a 468.853.675 con la legge 156 del 26 luglio 2002. Alcuni anni dopo (legge 51/2006) veniva poi stabilito che l'erogazione sarebbe avvenuta per tutti i cinque anni della legislatura, indipendentemente dalla sua durata effettiva. Alla fine i partiti si vedevano riconosciute somme cospicue che, oltre a coprire spese elettorali sulle quali oltretutto non veniva esercitato alcun controllo, lasciavano larghi margini al finanziamento di altre attività altrettanto imprecisate.

Un ulteriore adempimento della legislatura era l'approvazione (legge 81 del 25 marzo 1993) di un nuovo sistema elettorale per i comuni e le province. Esso prevedeva l'elezione diretta a maggioranza assoluta del sindaco, ma per soli due mandati, e del presidente della provincia, per le province e i comuni con popolazione superiore ai 15 mila abitanti, con un ballottaggio da tenersi la seconda domenica successiva a quella del primo turno tra i due candidati col maggior numero di voti, quando nessuno dei candidati avesse raggiunto la maggioranza assoluta. Per i comuni con meno di 15 mila abitanti l'elezione avveniva invece con la maggioranza semplice. In ambedue i casi veniva assegnato un premio di maggioranza alla coalizione vincente: nelle elezioni per i comuni al di sotto dei 15 mila abitanti alla coalizione vincente si garantiva almeno il 66% dei seggi, che scendeva al 60% per i comuni al di sopra dei 15 mila abitanti.

La nuova legge elettorale, che entrerà in vigore già nel giugno 1993, darà buona prova di sé, al punto che alcuni costituzionalisti la indicheranno come un eventuale modello per l'elezione del presidente del Consiglio (che in tale contesto veniva presentato come il «sindaco d'Italia»).

L'azione riformista, che era richiesta a gran voce dall'opinione pubblica, si fermava qui. Un tentativo di Segni di ottenere l'incarico di formare il nuovo governo, dopo le dimissioni di Amato (aprile 1993) falliva; il Movimento dei popolari per la riforma si fondeva con l'Alleanza democratica nel Patto di rinascita nazionale o Patto Segni, che alle elezioni del 1994 riportava il 4,7%, ma che presto si indeboliva per una serie di scissioni successive.

## L'interludio Ciampi

Il 22 aprile Amato si dimetteva e il 26 riceveva l'incarico di formare il nuovo governo Carlo Azeglio Ciampi, nuovo alla politica: come governatore della Banca d'Italia era stato protagonista insieme al presidente del Consiglio della crisi finanziaria e della sua difficile gestione. Ciampi era la scelta naturale in una fase in cui le turbolenze finanziarie non si erano del tutto esaurite. Il suo governo nasceva come un «governo del presidente» e come tale si formava senza le rituali consultazioni tra i partiti; era la prima volta nella storia della Repubblica ed era un indice evidente di come stavano cambiando gli equilibri politici e istituzionali. Governo prevalentemente di tecnici, quello di Ciampi, ma non privo di rappresentanti, seppur di seconda linea, dei vecchi partiti. Insieme a tecnici puri, come Sabino Cassese (Funzione pubblica), Alberto Ronchey (Beni culturali), Giovanni Conso (Grazia e giustizia) e allo stesso presidente del Consiglio, entravano nel governo socialisti (Valdo Spini, Gino Giugni, Paolo Baratta), democristiani (Maria Pia Garavaglia, Rosa Russo Iervolino, Beniamino Andreatta), membri dei partiti socialdemocratico, repubblicano, liberale e perfino del Pds (Luigi Berlinguer, a cui andava l'Università e la Ricerca scientifica).

Il governo Ciampi, oltre a una nuova difficile manovra di aggiustamento dei conti per 12.500 miliardi che verrà varata già in maggio, dovrà affrontare un ulteriore recrudescenza del conflitto stato-mafia (il già ricordato attentato alla sede dei Georgofili a Firenze, il 27 maggio, e a distanza di due mesi, il 27 luglio, le autobombe a Milano e a Roma).

All'inizio dell'anno era stato catturato il capo di Cosa nostra, Salvatore (Totò) Riina, latitante da 23 anni. Le circostanze della sua cattura creavano un conflitto destinato a durare anni e a trascinarsi di processo in processo tra la magistratura e i Ros, il corpo speciale dei Carabinieri, il cui capo, il generale Mario Mori, veniva accusato di aver negoziato con gli uomini di Cosa nostra una tregua degli attentati di mafia e accordi per rendere meno traumatica la cattura del boss e la successiva carcerazione.

Qualche tempo dopo alcune modifiche al regime carcerario del 41 *bis* che ne attenuavano la severità, decise dal ministro della Giustizia di Ciampi, Giovanni Conso, rinnovavano i sospetti di trattative tra stato e mafia, un tema destinato a riproporsi periodicamente, nel corso degli anni, restando uno dei molti misteri italiani.

Nel corso del governo Ciampi si svolgeva una nuova missione all'estero a partecipazione italiana (la prima era stata in Libano nell'ottobre 1983). In Somalia la caduta nel 1991 del generale Siad Barre che, anche con il sostegno del governo di Roma, aveva esercitato una dittatura virtuale fin dal 1969, creava una situazione di caos e di guerra civile. L'Italia, insieme ad altri governi, tra i quali quelli del Belgio, del Canada e della Germania, accettava di partecipare a un'operazione (Unosom II) diretta a restaurare l'ordine e la pace sotto l'egida dell'Onu e sotto comando americano. Nel corso dell'operazione, il 2 luglio 1993, il contingente italiano veniva attaccato nei pressi di un pastificio abbandonato (il cosiddetto «checkpoint Pasta») e impegnato in una vera e propria battaglia nel corso della quale tre militari italiani cadevano vittime dell'imboscata. Il 15 settembre venivano uccisi due paracadutisti e due mesi dopo un agente dei servizi segreti militari. Anche gli americani ebbero le loro vittime: dopo l'abbattimento di due elicotteri Blackhawk e l'esibizione dei corpi di alcuni soldati trascinati nelle strade di Mogadiscio, il presidente Clinton decideva il ritiro delle forze americane. Poiché l'esempio americano venne seguito dagli altri paesi, ciò indusse il consiglio di sicurezza dell'Onu a decretare la fine della missione.

A giugno si svolgeva il primo turno delle elezioni comunali e provinciali con la nuova legge elettorale. La Lega Nord si affermava come primo partito nelle regioni settentrionali. Il Pds confermava il suo primato nell'Italia centrale, mentre al sud riportava un buon risultato il Movimento sociale-Destra nazionale. Alla fine del secondo turno delle amministrative i partiti di sinistra uscivano vincitori in molti dei comuni, riuscendo a eleggere ben 72 sindaci contro i 16 della Lega, i 16 del Msi-Destra nazionale, i 9 della DC e i 2 del Psi. Nella tornata di novembre andavano al voto alcune delle maggiori città italiane tra cui Roma, Napoli, Genova, Venezia e Trieste. Anche qui il centrosinistra riportava significative vittorie: candidati progressisti venivano eletti a Roma (Rutelli), a Napoli (Bassolino), a Genova (Adriano Sansa), a Venezia (Massimo Cacciari) e a Trieste (Riccardo Illy). In totale i partiti del centrosinistra vincevano in 47 comuni, la Lega in 24, il Msi in 11, la DC in 2, le liste civiche in 15. L'elezione a doppio turno rivalutava la carica di sindaco, che, specie nelle grandi città, attirava più che in passato candidature di primo piano. Era anche l'effetto di una maggiore attenzione ai problemi locali: davanti alla crisi della politica nazionale l'elettore si rivolge alle tematiche amministrative del proprio comune che è più in grado di comprendere e di controllare. La Lega Nord, in parte causa in parte beneficiaria di questo trend, ne avrebbe approfittato per dare nuovo slancio al tema del federalismo. Uno degli effetti del rinnovato interesse per le politiche locali sarà la proliferazione delle liste civiche, le quali, oltre che indice della crescente attenzione per la politica amministrativa, sono anche la conseguenza della frammentazione del sistema dei partiti. L'aumento del numero delle liste civiche e, più in generale, dei candidati alle cariche pubbliche, nascondeva anche un altro fenomeno, quello dell'aumento del numero degli aspiranti alla politica come attività professionale: un fenomeno destinato a crescere negli anni successivi e a gonfiare i ruoli delle istituzioni e delle funzioni amministrative.

Il 23 novembre, alla vigilia del secondo turno delle elezioni amministrative, in una intervista a Casalecchio di Reno, Berlusconi dichiarava che a Roma avrebbe votato Fini, candidato a sindaco per il Msi: è il primo annuncio del suo ingresso in politica per impedire la vittoria delle sinistre.


*Arriva Berlusconi*

Non è eccessivo affermare che la «discesa in campo» di Silvio Berlusconi segna l'inizio di una nuova epoca nella storia politica italiana. Nei vent'anni successivi, sia quando sarà al governo sia quando resterà all'opposizione, la politica del paese si vedrà profondamente influenzata dalla sua personalità, dai suoi problemi, dai suoi comportamenti e dai conflitti che essi provocheranno. Il paese si dividerà presto tra sostenitori convinti e spesso appassionati nell'appoggiare il nuovo protagonista, le sue idee e il suo stile, e detrattori altrettanto decisi nell'opporsi all'uomo e al nuovo corso.

Nel bene e nel male Berlusconi sconvolge valori e metodi affermatisi negli anni della prima Repubblica. Si presenta al paese come l'uomo che ne rinnoverà profondamente la politica; e sebbene gran parte delle riforme promesse, specie quelle relative al piano istituzionale, sarà destinata a restare inattuata o realizzata solo parzialmente, tuttavia nel ventennio berlusconiano il modo di far politica cambia in modo significativo. Un sistema politico da sempre multipolare si trasforma in un bipolarismo che, pur incerto e chiuso al dialogo tra maggioranza e opposizione, assicura una stabilità maggiore rispetto al passato, nonché risultati elettorali più netti e più facilmente interpretabili, governi più duraturi e presidenti del Consiglio scelti dall'elettorato, un numero di partiti rappresentati in Parlamento considerevolmente ridotto, una diversa organizzazione dei partiti e della loro vita interna, e soprattutto una classe politica diversa per origine e cultura rispetto a quella della prima Repubblica, anche se non migliore di quella. In mancanza di una profonda riforma della Costituzione, spesso annunciata, talvolta tentata, ma sempre rinviata, l'obiettivo della semplificazione del sistema viene raggiunto attraverso l'aggregazione delle forze politiche dei due schieramenti e una nuova legge elettorale, il cosiddetto «Porcellum», che insieme a quella approvata nell'estate del '93, il cosiddetto «Mattarellum», incide profondamente sui processi di selezione della classe politica. Da parlamentare, secondo lo spirito e la lettera della Costituzione, il sistema diventa fortemente polarizzato sull'esecutivo, a cui tuttavia mancano quei poteri di azione e d'intervento che la Costituzione non gli riconosce: ciò porterà a un inevitabile rallentamento nell'azione di governo che il dinamismo del cavaliere non riuscirà a rilanciare.

Anche la presidenza della Repubblica ne verrà significativamente influenzata. Il forte indirizzo che Berlusconi cercherà di dare alla vita politica vedrà il capo dello stato mobilitato a intervenire molto più frequentemente che nel passato per contenerne le iniziative e integrarle, e talvolta per richiamarlo al rispetto degli obblighi istituzionali.

Ma il dato che più caratterizza l'epoca berlusconiana è il sistematico, continuo conflitto che lo vede contrapporsi, con la sua parte politica, alla magistratura; un conflitto che trova alimento nei molti «scheletri nell'armadio» del cavaliere e che si giustifica sul piano legale, ma che in realtà è un conflitto politico, condotto da una parte della magistratura. È uno scontro in cui è difficile distinguere le rispettive responsabilità, quelle di Berlusconi, che rifiuta di sottoporsi alle regole, da quelle di una certa magistratura militante, che interpreta la propria missione e usa i propri poteri nel quadro di un progetto al tempo stesso politico e moralizzatore. Il conflitto si svolge di fronte a un paese disorientato, che ha difficoltà a capirne le ragioni e a giudicarne i termini; paralizza la vita del paese e i processi della politica, e indebolisce ambedue i concorrenti per concludersi alla fine senza né vinti né vincitori, con il paese come unico perdente.

Al momento del suo ingresso sulla scena politica pochi avrebbero pensato che la presenza di Berlusconi sarebbe stata così prolungata e incisiva. Il giudizio degli osservatori è perlomeno scettico, come quello di Indro Montanelli che, dopo aver sconsigliato l'ingresso in politica, lascia il giornale di proprietà di Paolo Berlusconi, fratello del cavaliere, per fondare «La Voce», un quotidiano che avrà vita breve. Non mancheranno pesanti ironie sulle prospettive del nuovo venuto e sulla sua mancanza di esperienza politica, ma gli scetticismi saranno di breve durata: agli inizi di febbraio la Doxa pubblica un sondaggio secondo il quale il 25% degli italiani ritiene Berlusconi l'uomo più adatto a risolvere i problemi del paese. Dopo i tempi lunghi e lunghissimi della prima Repubblica, impressiona la rapidità con la quale si muove il cavaliere. Il 6 febbraio 1994 presenta a Roma la sua nuova formazione, a cui viene dato il nome molto evocativo di «Forza Italia», e tre giorni dopo la coalizione il «Polo delle Libertà». La Lega, che con Roberto Maroni aveva raggiunto un accordo prelettorale con Mario Segni, con un gesto di «spregiudicatezza e brutalità politica» (Edmondo Berselli) sconfessa l'intesa faticosamente raggiunta e Bossi, aprendo il 6° il congresso del partito a Bologna, annuncia l'alleanza con Forza Italia; il 10 febbraio Berlusconi presenta il Polo delle Libertà di cui Forza Italia è l'asse e a cui, insieme alla Lega, aderiscono la lista Pannella, il Centro cristiano democratico di Pierferdinando Casini e l'Unione di centro (Udc) di Raffaele Costa e Alfredo Biondi, erede del vecchio Partito liberale e destinata nel 1999 a confluire in Forza Italia. Contemporaneamente nasce il «Polo del buon governo» con Forza Italia, Alleanza nazionale, la formazione creata da Gianfranco Fini qualche giorno prima con l'adesione del Msi-Dn e di alcuni esponenti della vecchia DC come Publio Fiori e Gustavo Selva, il Ccd e l'Unione di centro. Con la formazione dei due poli, resa necessaria dal rifiuto della Lega di presentarsi insieme ad Alleanza nazionale (la Lega, dichiarerà Bossi al congresso di Bologna, non si alleerà «mai con i fascisti e con i nipoti dei fascisti»: allusione ad Alessandra Mussolini esponente di AN), Berlusconi copre tutto il territorio nazionale: il nord, grazie alla Lega, radicata soprattutto in provincia, il sud con AN e Ccd.

È una strategia che punta a ottenere il massimo risultato, grazie alle alleanze più opportune, anche se non sempre le più congeniali a quel nucleo di intellettuali (Antonio Martino, Giuliano Urbani, Marcello Pera) raccoltisi attorno al cavaliere come consiglieri, cercando di creare un partito liberale di massa; il proverbiale pragmatismo di Berlusconi (la cosiddetta «politica del fare») lo porta dunque fin dall'inizio a creare le combinazioni più utili per il raggiungimento del successo elettorale, ma inadatte e impreparate a compiere quella rivoluzione liberale tanto annunciata e sempre rinviata.

Nella ricerca di alleati Berlusconi si era rivolto, oltre che alla destra di Fini, anche ai Progressisti di Segni, ai laici del Partito repubblicano e ai cattolici di Martinazzoli, ma alla fine il suo maggior alleato, pur riluttante e talvolta arrogante, resta la Lega di Bossi che gli assicura una forte affermazione al nord.

Il modello organizzativo di Forza Italia è molto diverso da quello di un partito tradizionale: anche in questo Berlusconi punta a dare un segno di novità. Più che a tesserare aderenti, Berlusconi mira ad aggregare attorno a sé gruppi e individui, con il solo collante della forte leadership del Capo, del suo carisma; l'obbedienza assoluta dei compagni di viaggio è poi ricompensata con vantaggi concreti.

Inizialmente il nucleo principale di Forza Italia è costituito dagli uomini della sua azienda, la Fininvest, gente esperta nel negoziato e nella gestione dei rapporti sociali;

ma il cavaliere riuscirà ad attirare anche ex socialisti e democristiani di lungo corso, ormai privi di un futuro politico dopo la disgregazione dei partiti di provenienza, nonché alcuni intellettuali, soprattutto ex comunisti, come Giuliano Ferrara, Piero Melograni, Saverio Vertone, Giorgio Rebuffa, Ferdinando Adornato. Agli intellettuali viene affidato il compito di dare un'immagine di rispettabilità e una valenza culturale al nuovo partito, ma il rapporto sarà di breve durata e ben presto i «professori», isolati nel partito e ignorati dal leader, abbandoneranno la militanza limitandosi a un sostegno sporadico.

Uno dei temi più discussi dagli osservatori, tanto al momento della costituzione di Forza Italia quanto negli anni successivi, saranno le ragioni che hanno spinto il cavaliere a impegnarsi in politica dopo aver costruito un impero finanziario e mediatico tra i maggiori d'Europa.

Dopo i successi finanziari e industriali degli anni precedenti, Berlusconi stava attraversando una fase di difficoltà sotto la duplice pressione delle banche, con le quali era fortemente indebitato, e delle azioni della magistratura quali si andavano prefigurando nell'accusa di numerose illegalità compiute nell'esercizio delle sue attività. Una posizione di potere politico, specie dopo aver perso la protezione e i favori di Bettino Craxi, ormai autoesiliatosi a Hammamet per sottrarsi al giudizio dei magistrati milanesi, gli avrebbe dato la possibilità di difendersi più efficacemente e con maggior successo. L'offensiva della magistratura si manifesterà quasi subito con avvisi di garanzia a lui e alle persone che gli sono vicine.

Il primo a entrare nel mirino del Pool di Mani pulite è il fratello, Paolo, arrestato alcuni giorni dopo la presentazione di Forza Italia, seguito a breve dell'amico e collaboratore Marcello Dell'Utri, accusato insieme ad altri funzionari della Fininvest di falso in bilancio e poco dopo, per effetto delle deposizioni di alcuni pentiti, di collusioni mafiose. Imprecisati e sempre rimasti su di un piano indiziario, i presunti rapporti di Berlusconi con la mafia, soprattutto in relazione alle origini delle sue fonti di finanziamento, continueranno a pesare sul cavaliere, riemergendo di quando in quando, durante tutta la sua lunga attività politica.

Dopo aver colpito i più stretti collaboratori, l'offensiva della magistratura si sposta sul cavaliere. La sede di Forza Italia viene perquisita alla vigilia delle elezioni, e, nel novembre 1994, lo stesso Berlusconi, presidente del Consiglio da qualche mese, riceve il primo di una lunga serie di avvisi di garanzia.

Un altro presumibile motivo del suo ingresso in politica, che non esclude quello precedente, è il timore che un governo di sinistra possa contestargli il permesso a suo tempo ottenuto dal governo Craxi (con la legge Mammì) di trasmettere su base nazionale i suoi tre canali televisivi in aperta concorrenza con i tre canali del servizio pubblico. Poiché la fortuna finanziaria di Berlusconi, dopo le grandi imprese immobiliari avviate negli anni Settanta con la costruzione a Milano di intere città satelliti (Milano 2 e 3), si fonda prevalentemente sull'attività della Fininvest di cui è parte importante la pubblicità televisiva, è probabile che il temuto pericolo di difficoltà per le sue aziende mediatiche abbia costituito una forte motivazione per il suo impegno politico.

Berlusconi farà di un'ipotetica minaccia comunista uno dei grandi temi della sua propaganda politica rivolta a quella classe media anticomunista e filoccidentale alla quale, con il crollo della DC, è venuto a mancare un referente politico. L'abilità del cavaliere consisterà nel continuare a evocare e rendere credibile un pericolo che, specie dopo il crollo del comunismo sovietico e la trasformazione di quello nazionale, molti consideravano ormai inesistente. Ma il successo del cavaliere nasce anche dalle attese di cambiamento del paese, attese in cui si intrecciano e si confondono la condanna per la corruzione della politica messa in evidenza da Tangentopoli e la stanchezza per la lunga stagione della prima Repubblica, durante la quale il dominio della partitocrazia aveva appiattito la politica riducendola a esercizio burocratico che si consumava di elezione in elezione, eludendo ogni prospettiva di rinnovamento. Alcuni salutarono l'arrivo del cavaliere come l'annunzio di una nuova fase in cui l'asfittica democrazia della prima Repubblica avrebbe lasciato il posto alla costruzione di una società liberale in cui l'iniziativa individuale e la fantasia avrebbero preso il sopravvento sulla professionalizzazione della politica.

Lo stile di Berlusconi apparve fin dalla prima campagna elettorale diverso da quelli tradizionali: molti spot televisivi, molti cartelloni di grande formato, continua presenza del cavaliere che sembrava avere il dono dell'ubiquità. Quasi tutta la campagna propagandistica veniva costruita sul personaggio Berlusconi.

La sinistra seguiva invece i metodi tradizionali, ma la «formidabile macchina da guerra» messa a punto da Occhetto era destinata a non funzionare. Il centrosinistra aveva avuto difficoltà a formare una coalizione che risultava troppo numerosa ed eterogenea (Pds, Rifondazione comunista, Verdi, Rete, AD e una parte dei repubblicani di Bruno Visentini). Inoltre la sinistra non presentava un candidato proprio al governo del paese: Occhetto, nel corso del confronto televisivo con Berlusconi (e anche questa è una novità di queste elezioni), dichiarava di non «essere candidato a niente», mentre era chiaro a tutti che in caso di vittoria di Forza Italia il nuovo premier sarebbe stato Berlusconi. Su di lui si polarizzava quindi l'attenzione dei media, al punto che presto la campagna elettorale si trasformò in un referendum pro o contro la sua persona: un dato che si sarebbe confermato in tutte le elezioni politiche e spesso anche in quelle amministrative. Questa personalizzazione dello scontro non avrebbe giovato alla sinistra: l'abilità con cui il cavaliere avrebbe condotto le sue campagne elettorali, abilità generalmente riconosciuta, e le simpatie umane che sarebbe riuscito a guadagnarsi e a mantenere vive nel corso degli anni avrebbero finito col risolvere il referendum quasi sempre a suo favore, distogliendo l'attenzione dell'elettorato e spesso anche dei media dai risultati del suo governo.

A molti elettori i successi di Berlusconi nel mondo degli affari sembravano di buon auspicio per il futuro del paese e la sua ricchezza personale pareva la garanzia che il premier non avrebbe approfittato del potere per arricchirsi a spese dello stato. I due temi su cui il cavaliere avrebbe impostato questa, come le future campagne elettorali, insieme alla difesa dalle minacce eversive (le paventate «leggi comuniste») erano il rilancio dell'economia e l'impegno di non accrescere le tasse, anzi, di ridurle. Uno degli slogan più frequentemente ripetuti, destinato a entrare nel linguaggio politico quotidiano, era che il suo governo non avrebbe mai messo le mani nelle tasche degli italiani, dove era evidente il riferimento alla tassazione straordinaria sui conti correnti imposta dal governo Amato per far fronte alla crisi finanziaria del 1992.

Le elezioni tenute il 27 e il 28 marzo premiavano Forza Italia con il 21% e Alleanza nazionale con un eccezionale 13,5%, la percentuale più alta raggiunta fino ad allora dal partito di Fini; mentre la Lega, che scontava una campagna elettorale difficile e nervosa (anche condotta apertamente contro AN e poco amichevole verso Forza Italia), arrivando all'8,4% perdeva lo 0,2%, ma faceva il pieno di seggi, 180, pari al 18% della rappresentanza parlamentare, grazie alle generose concessioni di Berlusconi (ma qualcuno parlerà di ingenuità e di inesperienza del cavaliere) che aveva ceduto all'alleato leghista la rappresentanza in un buon numero di collegi del nord. Lo stesso Bossi venne eletto in un collegio di Milano grazie ai voti di Forza Italia. Infine la lista Pannella, che si era presentata con il Polo, raccolse il 3,5%. In totale il Polo delle Libertà e del buon governo totalizzava il 45,9% con 302 seggi. Sul versante di sinistra il Pds cresceva rispetto alle elezioni del 1992, ma con il 20,3% restava al di sotto di Forza Italia; Rifondazione comunista otteneva il 6%, la Rete l'1,9%, i Verdi il 2,7%, il letteralmente disintegrato Partito socialista il 2,2%. In totale il 33,1%. Il centro con i popolari (ex DC) di Martinazzoli si attesta all'11% e il Patto Segni al 4,7%. Agli altri partiti, tra cui i socialdemocratici, Svp e formazioni minori, andava il 4,7% (tab. 2.1.).

Il responso delle urne era chiaro e designava il futuro presidente del Consiglio al di là di ogni dubbio; tuttavia solo il 28 aprile, a un mese esatto dalle elezioni, Berlusconi ricevette l'incarico dal presidente Scalfaro.

## Il governo Berlusconi I

Il 15 maggio veniva inaugurata la nuova legislatura, la dodicesima nella storia della Repubblica, con l'elezione alla presidenza della Camera di una giovane leghi-

TAB. 2.1. *Elezioni politiche ed elezioni europee: vince la destra*

| Camera (votanti 85,6%) | % | seggi |
|---|---|---|
| *Uninominale* | | |
| Polo delle libertà-Polo del buon governo | 45,9 | 302 |
| Progressisti | 32,9 | 164 |
| Patto per l'Italia | 15,8 | 4 |
| Altri | 5,4 | 5 |
| *Proporzionale* | | |
| Forza Italia* | 21,0 | 30 |
| Partito democratico della sinistra* | 20,3 | 38 |
| Alleanza nazionale* | 13,5 | 23 |
| Partito popolare italiano* | 11,1 | 29 |
| Lega Nord* | 8,4 | 11 |
| Rifondazione comunista* | 6,0 | 11 |
| Patto Segni* | 4,7 | 13 |
| Lista Pannella | 3,5 | – |
| Federazione dei verdi | 2,7 | – |
| Partito socialista italiano | 2,2 | – |
| La Rete – movimento per la democrazia | 1,9 | – |
| Alleanza democratica | 1,2 | – |
| Svp | 0,6 | – |
| Socialdemocrazia | 0,5 | – |
| Altri | 2,4 | – |

\* Le liste contraddistinte da asterisco hanno superato la soglia del 4% e hanno pertanto partecipato alla ripartizione dei 155 seggi distribuiti con la proporzionale

| Senato (votanti 85,5%) | % | collegi | rip. prop. | totale |
|---|---|---|---|---|
| Progressisti | 32,9 | 96 | 26 | 122 |
| Polo delle libertà | 19,9 | 74 | 8 | 82 |
| Patto per l'Italia | 16,7 | 3 | 28 | 31 |
| Polo buon governo | 13,7 | 54 | 10 | 64 |
| Alleanza nazionale | 6,3 | – | 8 | 8 |
| Pannella- riformatori | 2,3 | – | – | 1 |
| Lega alpina lumbarda | 0,7 | – | 1 | 1 |
| Liste autonomiste | 0,7 | 1 | – | 1 |
| Svp | 0,7 | 3 | – | 3 |
| Forza Italia-Ccd | 0,5 | – | 1 | 1 |
| Lista Valle D'Aosta | 0,1 | 1 | – | 1 |
| Altri | 5,5 | – | – | – |

| Elezioni europee (votanti 74,6%) | % | seggi |
|---|---|---|
| Forza Italia | 30,6 | 27 |
| Partito democratico della sinistra | 19,1 | 16 |
| Alleanza nazionale | 12,5 | 11 |
| Partito popolare italiano | 10,0 | 9 |
| Lega Nord | 6,6 | 6 |
| Rifondazione comunista | 6,1 | 5 |
| Patto Segni | 3,3 | 3 |
| Federazione dei verdi | 3,2 | 3 |
| Lista Pannella | 2,1 | 2 |
| Partito Socialista Italiano – Alleanza democratica | 1,8 | 2 |
| La Rete | 1,1 | 1 |
| Partito repubblicano italiano | 0,7 | 1 |
| Partito socialista democratico italiano | 0,7 | 1 |
| Altri | 2,2 | – |

sta, Irene Pivetti, mentre alla presidenza del Senato, per appena un voto, prevaleva Carlo Scognamiglio di Forza Italia su Giovanni Spadolini, che sarebbe morto pochi mesi dopo. L'11 maggio era nato il nuovo governo: era un mix di Forza Italia (oltre a Berlusconi, Antonio Martino agli Esteri, Giuliano Ferrara ai rapporti con il Parlamento, Giuliano Urbani alla Funzione pubblica e Affari regionali, Gianni Letta sottosegretario alla Presidenza e altri), di Alleanza nazionale (Giuseppe Tatarella vicepresidente del Consiglio e ministro delle Poste, Publio Fiori ai Trasporti, Domenico Fisichella ai Beni culturali, Altero Matteoli all'Ambiente, Adriana Poli Bortone all'Agricoltura), con una nutrita rappresentanza della Lega (Roberto Maroni agli Interni e alla vicepresidenza, Francesco Speroni alle Riforme istituzionali, Domenico Comino agli Affari comunitari, Giancarlo Pagliarini al Bilancio e Vito Gnutti all'Industria). Completavano la compagine governativa una qualificata rappresentanza di indipendenti, Lamberto Dini (Tesoro), Giulio Tremonti (Finanze), Sergio Berlinguer (Italiani nel mondo), e alcuni esponenti del Ccd (Francesco D'Onofrio alla Pubblica istruzione e Clemente Mastella al Lavoro) e dell'Udc (Alfredo Biondi alla Giustizia e Raffaele Costa alla Sanità).

Di Pietro, a cui Berlusconi aveva offerto il ministero degli Interni, rifiutava; qualche mese dopo si dimetteva dalla magistratura e iniziava il percorso verso la creazione di un nuovo partito. Nel complesso la compagine del primo governo Berlusconi era ben equilibrata tra gli esponenti dei due Poli, tra figure nuove e di lunga esperienza, nonché tra politici e tecnici. Ma, nonostante le sicurezze e l'ottimismo del premier, il governo fin dall'inizio si trovò ad affrontare l'opposizione interna che gli mossero Bossi e gli esponenti della Lega, specie dopo le elezioni al Parlamento europeo del 12 giugno che rafforzavano Forza Italia, che raggiungeva il 30%, il suo massimo traguardo, e indebolivano la Lega, che scendeva al 6,6%; al Pds andava il 19,1%, ad Alleanza nazionale il 12,5% e al Partito popolare il 10%.

Con quel risultato Bossi aveva la conferma di ciò che aveva temuto fino dalla nascita di Forza Italia e cioè la concorrenza da parte del partito di Berlusconi nei confronti di un comune elettorato. Quello della Lega era di classe media e medio bassa, prevalentemente insediato nelle campagne e nelle città di provincia, quello di Berlusconi di classe media e medio alta, prevalentemente cittadino: ma una larga parte dell'elettorato moderato era lo stesso per ambedue i partiti, i quali si trovavano inoltre in concorrenza anche per una parte del tradizionale elettorato della sinistra che nelle province settentrionali si stava

TAB. 2.2. *I gruppi parlamentari alla Camera e al Senato*

|  | Camera | Senato |
|---|---|---|
| Progressisti-federativo | 167 | 74 |
| Progressisti-Partito socialista italiano | – | 10 |
| Progressisti Verdi La Rete | – | 13 |
| Sinistra democratica | – | 10 |
| Lega Nord | 115 | 59 |
| Forza Italia | 112 | 37 |
| Alleanza nazionale | 109 | 48 |
| Rifondazione comunista-Progressisti | 39 | 17 |
| Partito popolare italiano | 33 | 33 |
| Centro cristiano democratico | 27 | 12 |
| Gruppo misto | 28 | 12 |

spostando su posizioni moderate, specie su temi come quelli della sicurezza e dell'emigrazione.

Il primo *casus belli* tra i due partiti fu il decreto Biondi, varato a metà luglio: la prima mossa di Berlusconi nell'ambito del conflitto ormai ingaggiato tra il leader di Forza Italia e la magistratura. Il decreto prevedeva una estensione del patteggiamento della pena per alcune categorie di reati e una limitazione del provvedimento di custodia cautelare, che si era rivelato lo strumento più efficace di Tangentopoli; in particolare ne venivano esclusi i reati di corruzione e concussione. Inoltre il decreto prevedeva che gli avvisi di garanzia rimanessero rigorosamente segreti fino alla fine delle inchieste. Tutte queste misure avevano il sostegno dell'intera coalizione di governo e dello stesso presidente Scalfaro, ma la violenta reazione dell'opinione pubblica, innescata da un annuncio di dimissioni dei giudici del pool di Mani pulite, letto da Di Pietro alla televisione, costringeva a fare marcia indietro. Il decreto veniva convertito in disegno di legge che reintroduceva i reati di corruzione e concussione.

Abbandonato dalla Lega, che per bocca di Maroni negava di aver mai approvato il decreto Biondi nella versione ufficiale (Maroni dirà anzi di essere stato imbrogliato), e messo in difficoltà dai suoi stessi alleati, Berlusconi accusava la prima sconfitta.

Se con il decreto Biondi il governo aveva rischiato la crisi, a indebolirlo ulteriormente arrivavano, alla fine di luglio, una serie di arresti di funzionari Fininvest, accusati dalla guardia di finanza di corruzione e di false dichiarazioni fiscali. Poi, in pieno ferragosto, la Banca d'Italia fu costretta ad aumentare il tasso di sconto da 7% a 7,50% per contenere le conseguenze del clima di sfiducia diffusosi negli ambienti finanziari nei confronti del governo, destabilizzato quasi quotidianamente dalle polemiche tra Bossi e Berlusconi. Alla ripresa dopo le vacanze estive scoppiava un nuovo conflitto, questa volta tra maggioranza e opposizione, per il rinnovo dei vertici della Rai, operato dal nuovo governo con evidente preferenza per la nomina di dirigenti a esso vicini. Inoltre la legge finanziaria, presentata dal governo a fine settembre, apriva un conflitto con i sindacati destinato a prolungarsi per tutto l'autunno. Uno dei punti caratterizzanti della finanziaria era la riforma delle pensioni divenute, già dal 1992, un punto dolente della politica sociale. Su di un welfare che in Italia era inferiore alla media europea di quasi tre punti di Pil (25,8 contro 28,5) la spesa pensionistica pesava per il 15%, contro l'11% della media europea. Già il governo Amato aveva abolito una serie di privilegi dell'impiego pubblico, che assicuravano a certe categorie, come quella degli insegnanti, il diritto alla pensione dopo appena venticinque anni di servizio, ma restava comunque l'esigenza di una riforma più inclusiva che riducesse l'eccessiva generosità del sistema. Il progetto del governo prevedeva il blocco delle pensioni di anzianità, l'innalzamento dell'età pensionabile e la riduzione degli adeguamenti pensionistici al costo della vita.

La reazione dei sindacati fu immediata e fortissima. Dopo uno sciopero generale di mezza giornata, proclamato da Cgil, Cisl e Uil, a metà novembre si svolse a Roma una grande manifestazione promossa dagli stessi sindacati a cui parteciparono più di 150 mila persone. L'accordo veniva raggiunto ai primi di dicembre dopo un difficile negoziato che vedeva il governo costretto a cedere, accettando di ritirare i tagli alle pensioni di anzianità, che venivano confermate per chi avesse 35 anni di servizio; era però un accordo temporaneo e tutta la materia veniva rinviata a una riforma organica che avrebbe dovuto essere completata entro la metà del 1995.

Nel frattempo i rapporti tra Lega e governo si erano ulteriormente deteriorati: Bossi insisteva sulle riforme a favore del federalismo trovando un Berlusconi esitante, mentre Fini, l'altro membro della coalizione, orientato invece a una riforma della Costituzione in senso presidenzialista, era sostanzialmente contrario al federalismo, perché negli ambienti della destra si temeva che questo avrebbe pericolosamente indebolito l'unità nazionale.

Il 22 novembre, mentre partecipava a Napoli a una conferenza dell'Onu sulla criminalità internazionale, Berlusconi veniva raggiunto da un avviso di garanzia nel quadro dell'inchiesta sulle tangenti alla guardia di finanza condotta dai giudici milanesi. I tempi dell'azione giudiziaria erano per lo meno sospetti. L'avviso al premier in un momento così delicato come l'esercizio di un obbligo internazionale danneggiava oltre l'interessato anche il paese. Inoltre il procuratore di Milano, Borrelli, ne aveva informato il presidente della Repubblica solo quando la procedura di consegna dell'avviso era già scattata. Scalfaro non avrebbe mancato di ammonire la magistratura: «Ci possono essere momenti in cui occorre stare attenti che un atto di giustizia non finisca per avere delle ripercussioni interne e internazionali non volute».

Il successo del centrosinistra alle amministrative parziali di metà dicembre dava al governo Berlusconi il colpo di grazia: benché fossero elezioni di scarsa importanza politica riguardanti 242 comuni e la provincia di Massa, il limitato arretramento di Forza Italia e un leggero progresso del Pds contribuivano ad accrescere le tensioni esistenti. Alcuni giorni dopo il governo veniva costretto alle dimissioni in seguito alla presentazione di tre mozioni di sfiducia: una del Pds, una di Rifondazione e, soprattutto, una terza presentata da Lega Nord e Ppi, decisiva nel sottrarre al governo la maggioranza e nel segnarne la fine, a meno di sette mesi dalla formazione. Tuttavia non ci sarebbe stato né il voto né il dibattito in Parlamento. Visto che aveva perduto la maggioranza il cavaliere si dimise, ma dopo un forte discorso alla Camera in cui accusò Bossi di tradimento e chiese elezioni anticipate. Proprio in quei giorni apparve sulla stampa un neologismo, «ribaltone», che nella nostra vita parlamentare avrebbe avuto una lunga storia.


*Scalfaro non ci sta*

L'elezione di Oscar Luigi Scalfaro alla presidenza della Repubblica era avvenuta nel clima di alta tensione successivo all'assassinio di Falcone da parte della mafia. Scalfaro, scriverà Indro Montanelli, «era stato issato al Quirinale dai mille chili di tritolo su cui era saltato Falcone, piuttosto che dai mille grandi elettori». Certamente l'allarme creato dal tritolo di Capaci affrettò una elezione che si stava trascinando da qualche giorno senza prospettive precise e la qualità di ex ministro degli Interni dovette favorire Scalfaro su Giovanni Spadolini, l'altro candidato nel quadro di una soluzione istituzionale che si era ormai prospettata in sostituzione di una politica.

Fin dall'inizio Scalfaro aveva chiarito la sua intenzione di non volersi limitare a fare da osservatore dal colle più alto: e del resto la crisi dei partiti innescata da Tangentopoli, e più in generale quella più ampia in cui si dibatteva il paese, preannunciavano un nuovo ruolo per il presidente della Repubblica, costringendolo a un'azione di supplenza che inevitabilmente lo avrebbe esposto alle asprezze della conflittualità politica. Già al momento delle dimissioni del governo Amato, Scalfaro aveva agito per designare alla presidenza del Consiglio Romano Prodi, affiancandogli Mario Segni, ma il rifiuto di quest'ultimo a fare il numero due aveva consigliato di ripiegare su una scelta politicamente meno significativa: quella di Carlo Azeglio Ciampi.

Lo scandalo del Sisde sull'utilizzo dei fondi dei servizi segreti, scoppiato in ottobre, offriva al neopresidente l'occasione di dar prova della sua forte personalità. Riccardo Malpica, il prefetto a capo del Sisde fino al 1991, veniva arrestato: l'accusa riguardava la gestione dei fondi del servizio di cui si erano appropriati alcuni funzionari. Si trattava di una somma di quindici miliardi, andati a finire nei conti personali degli agenti infedeli, i quali si giustificavano riconoscendo che quei fondi appartenevano al Sisde e che i loro conti personali costituivano solo una copertura. In seguito, però, uno dei funzionari, Maurizio Broccoletti, rivelava che in realtà quelle somme erano state sottratte alla cassa del Sisde e che la giustificazione dei conti di copertura era stata concordata con il ministro degli Interni Mancino, il presidente del Consiglio Amato e il presidente Scalfaro per soffocare lo scandalo: era stato convenuto che i funzionari disonesti avrebbero restituito le somme trafugate e il caso sarebbe stato chiuso. Contemporaneamente il responsabile dei fondi segreti del Sisde, Antonio Galati, rivelava che nel decennio 1982-1992 i ministri degli Interni che si erano succeduti al Viminale, a esclusione di Fanfani, avevano ricevuto una dotazione mensile di cento milioni da spendere per impegni istituzionali riservati senza doverne dare giustificazione e resoconti alla Corte dei Conti. La rivelazione investiva indirettamente il presidente della Repubblica Scalfaro, che era stato ministro degli Interni nel governo Craxi dal 1983 al 1987. La posizione di Scalfaro diventò ancora più imbarazzante quando Craxi rivelò che, al tempo della sua permanenza al Viminale, Scalfaro aveva disposto che tutte le pezze d'appoggio a giustificazione delle spese venissero distrutte al momento del cambiamento del direttore dei servizi e del ministro. In seguito a tali rivelazioni i partiti di sinistra attaccarono Scalfaro chiedendone le dimissioni; inoltre, anche se pochi mettevano in dubbio l'onestà del Presidente, nasceva il sospetto che, approfittando di quello che ormai veniva definito il caso Scalfaro, si volesse trovare il pretesto per una amnistia generale che chiudesse la stagione di Tangentopoli.

Col montare delle accuse e dei sospetti nei suoi confronti, a Scalfaro non rimaneva che la soluzione di una franca autodifesa, e la sera del 3 novembre 1993, in un messaggio televisivo a reti unificate, il Presidente si rivolse al paese respingendo ogni addebito e denunciando a sua volta la campagna contro le istituzioni:

Si è tentato, prima con le bombe [il riferimento era agli attentati contro i giudici dell'antimafia, ma soprattutto a quelli avvenuti a Firenze nel maggio precedente contro la sede dei Georgofili e più tardi a Roma e a Milano], ora con il più vergognoso e ignobile degli scandali [...]. A questo gioco al massacro io non ci sto. Io sento il dovere di non starci e di dare l'allarme. Non ci sto non per difendere la mia persona, che può uscire di scena ogni momento, ma per tutelare con tutti gli organi dello stato l'istituto costituzionale della presidenza della Repubblica.

Quel «non ci sto», pronunziato da Scalfaro con un'energia di cui il presidente darà prova anche in altre occasioni, persuase l'uditorio, rassicurò il paese e chiuse l'episodio, anche se per alcuni la difesa del Presidente sarebbe stata insufficiente.

La gestione forte delle prerogative presidenziali si confermava al momento delle dimissioni di Berlusconi, il quale voleva fortemente, e lo avrebbe chiesto con insistenza, lo scioglimento delle Camere e il ricorso a nuove elezioni perché era sicuro – lo garantivano i sondaggi – che queste avrebbero rinviato lui a Palazzo Chigi e punito i leghisti.

Contrario a rimandare gli italiani alle urne a così pochi mesi di distanza dalla precedente consultazione, ma soprattutto contrario a una seconda prova del cavaliere, Scalfaro fece più di un tentativo per salvare la legislatura, come era nei suoi poteri (e – qualche costituzionalista aggiungerà – come era nei suoi doveri), ricorrendo anche alla soluzione di un governo tecnico in attesa che la situazione si chiarisse. Uno degli elementi di incertezza che pesava e rendeva più difficili le scelte del presidente era la crisi in cui si trovava la Lega Nord: una parte del partito, dissenziente nei confronti della politica di Bossi, si era infatti schierata a sostegno di Berlusconi e di Forza Italia. Al terzo congresso federale della Lega, l'11 febbraio, Maroni attaccava la politica di Bossi e dichiarava di volersi ritirare dal partito, e dalla politica, salvo poi rientrarvi in realtà dopo un breve periodo di assenza; non così una cinquantina di parlamentari, tra cui l'ex segretario della Lega Luigi Negri, che, in occasione del congresso, lasciavano il movimento e il giorno successivo a Genova fondavano la Lega italiana dei federalisti, presto dissoltasi nella galassia dei numerosi gruppi secessionisti sostenitori di un federalismo controverso e utopico.

A Berlusconi, che insisteva per elezioni anticipate, Scalfaro rispondeva con una tattica temporeggiatrice, che riusciva a eludere le richieste del premier dimissionario. In una conferenza stampa del 30 dicembre Berlusconi accusò Scalfaro di voler delegittimare il Parlamento, ma il presidente gli rispose nel giro di poche ore, durante il tradizionale messaggio di fine d'anno, chiedendogli di fare un passo indietro per il bene del paese. Scalfaro non escludeva elezioni anticipate, magari a marzo, ma nel frattempo il paese in difficoltà per la crisi economica aveva bisogno di essere governato e a tale scopo, secondo il presidente, la soluzione più idonea era quella di un governo tecnico guidato da un premier magari suggerito da Berlusconi. Il cavaliere finiva con l'accettare; il premier da lui designato era Lamberto Dini, che nel governo Berlusconi era stato ministro del Tesoro. Dini veniva dalla Banca d'Italia, era stato per molti anni al Fondo monetario internazionale e vantava vaste conoscenze nel mondo della finanza: si sarebbe rivelato l'uomo giusto per il momento che il paese stava attraversando, con un'inflazione improvvisamente salita al 4,2%. Con il sicuro e costante sostegno di Scalfaro il nuovo governo, composto esclusivamente di tecnici, procedeva confortato da un'ampia maggioranza che comprendeva la Lega Nord, i partiti di centrosinistra meno Rifondazione, il Partito popolare e il Patto Segni. Il 17 gennaio passava alla Camera con 302 voti e 270 astensioni, quelle del Polo delle Libertà. Al Senato, dove le astensioni contano come voti negativi, i senatori del Polo uscivano dall'aula al momento del voto.

Il governo Dini sarebbe durato ben al di là del trimestre originariamente fissato come limite: di rinvio in rinvio la data delle elezioni anticipate si allontanava e Dini restava in carica, affrontando anche un nuovo attacco della speculazione alla lira, che si svalutava nei confronti del marco (scendendo fino a quota 1.275), e, su tutto un altro piano, la guerriglia dichiaratagli da uno dei membri del suo governo, Filippo Mancuso, ministro della Giustizia.

La svalutazione della lira richiedeva una manovra finanziaria da 20 mila miliardi al fine di riequilibrare i conti pubblici: uscendo dall'astensionismo mantenuto fino ad allora, il Polo votava contro. Più lungo e delicato fu invece il braccio di ferro con Mancuso, che aveva preso posizione contro i giudici del pool di Mani pulite. Mancuso condivideva la campagna contro la corruzione condotta dal pool, ma non i metodi, soprattutto le intimidazioni a cui venivano sottoposti gli accusati e le carcerazioni preventive per estorcere loro informazioni utili all'accusa. Prima il ministro mandò a Milano gli ispettori del ministero della Giustizia, poi denunciò il pool al Csm, che però archiviò la denuncia di Mancuso quasi senza esaminarla.

A questo punto il governo Dini, con il pieno sostegno di Scalfaro, chiedeva le dimissioni di Mancuso, che rifiutava però di darle. Il ministro non poteva essere dimissionato di autorità, pena la caduta dell'intero governo: poiché la Costituzione non dà al presidente del Consiglio il potere di licenziare un membro del proprio governo, questi optava per la richiesta di una sfiducia individuale, atto che induceva Mancuso ad appellarsi alla Corte costituzionale. La Corte respingeva il ricorso ma il ministro, pur sollevato dall'incarico, sarebbe rimasto nel governo fino alla conclusione.

Il più importante contributo del governo Dini fu il completamento della riforma delle pensioni, già iniziata dal governo Amato, ma resa ora molto più organica con la definizione di nuovi criteri. La riforma entrava in funzione gradualmente e non riguardava i lavoratori con più di 18 anni di attività, prevedeva il calcolo della pensione sulla base dei contributi versati durante l'età lavorativa e sulla loro capitalizzazione, invece che sugli ultimi stipendi, come nel passato, nonché l'abolizione delle cosiddette «pensioni baby» che davano ai lavoratori del settore pubblico la possibilità di uscire dal mondo del lavoro con meno di 35 anni di contribuzioni. Infine la riforma prevedeva una graduale riduzione delle pensioni di anzianità conseguibili solo dopo quarant'anni di attività lavorativa e 65 anni per le pensioni di vecchiaia.

## I partiti si riorganizzano

Nel corso del 1994 all'interno dei partiti continuavano a manifestarsi conflitti tra vari leader e correnti, come parte del processo di riallineamento delle forze politiche seguito a Tangentopoli. All'interno del Pds veniva costretto alle dimissioni Achille Occhetto, segretario del Pds e leader dell'Alleanza dei progressisti alle elezioni del 1994; la sconfitta elettorale subita da tale formazione e, forse più ancora, la responsabilità della «svolta della Bolognina» (dal nome della zona di Bologna dove, nel 1989, era stato annunciato l'inizio del difficile processo di scioglimento del vecchio Pci), che aveva incontrato l'ostilità di almeno un terzo del partito, costituivano le ragioni di una condanna a cui era difficile sottrarsi. Dopo uno scontro ai vertici del partito tra Veltroni e D'Alema, il primo di una lunga serie, prevaleva quest'ultimo, che veniva eletto segretario del Pds dal consiglio nazionale del partito con 249 voti contro i 173 di Veltroni.

Anche in campo democristiano continuavano le difficili e confuse manovre per dare un nuovo assetto al partito e venire incontro alle richieste della base cattolica e delle gerarchie religiose, private di una rappresentanza politica. Mino Martinazzoli, eletto alla segreteria nell'ottobre del 1992, aveva ereditato un partito ormai ridotto, per usare le sue parole, a «un cimitero». Una costituente democristiana gli aveva dato mandato di trasformare la DC in un nuovo soggetto politico. Il 18 gennaio 1994 nasceva così il Partito popolare italiano (Ppi), dalla cui destra si distaccava immediatamente il Centro cristiano democratico (Ccd) di Pierferdinando Casini; lo stesso Martinazzoli si dimetteva un paio di mesi dopo. I risultati elettorali e la vittoria di Forza Italia indebolivano ulteriormente il fronte cattolico.

Al suo primo congresso (fine luglio 1994) il Ppi si presentava in piena crisi, diviso tra una sinistra che aveva come leader il presidente delle Acli, Giovanni Bianchi, e una destra capeggiata da Rocco Buttiglione, che con il 56% dei voti veniva eletto segretario. Presto la spaccatura si approfondiva. La sinistra di Bianchi cercava la rivincita sostenendo Prodi come leader di una coalizione di centro-sinistra in via di costituzione (l'Ulivo). La destra di Buttiglione, contraria alla soluzione Prodi, sembrava invece ormai decisa a confluire nel Polo. La scissione era inevitabile; la confermava una disputa destinata a durare vari mesi sul simbolo, la sede e il patrimonio del partito, che si concludeva con un accordo, raggiunto nel giugno 1995, al momento della secessione di Buttiglione che fondava il Cdu (Cristiani democratici uniti) a cui veniva assegnato il vecchio simbolo della DC, lo scudo crociato, mentre al Ppi di Bianchi restava il giornale del partito, il «Popolo». Mentre il Ppi aderiva alla coalizione dell'Ulivo, che a dicembre 1995 presentava il suo programma, la Cdu insieme al Ccd di Casini si alleava con Forza Italia. Il partito di

Berlusconi era ormai diventato una forza aggregante che continuava ad attirare nuove reclute e piccoli gruppi, con l'obiettivo di preparare la riscossa e di scoraggiare gli sforzi diretti alla costruzione di un centro politico di cui il cavaliere temeva la concorrenza. Ad avvantaggiare Berlusconi un nuovo importante sviluppo era l'evoluzione del Msi, che alla fine di gennaio teneva a Fiuggi il suo ultimo congresso, il XVII, per trasformarsi in Alleanza nazionale, abbandonando le posizioni neofasciste delle origini e operando la scelta programmatica di una destra liberal-populista. La fusione con Forza Italia restava ancora lontana, ma data la contiguità delle reciproche posizioni appariva nell'ordine delle cose. Dal nuovo partito si staccava una minoranza che seguiva Pino Rauti e Giorgio Pisanò mantenendo la vecchia denominazione Fiamma tricolore.

Con il 1995 si concludeva una prima fase, quella più turbolenta, nel processo di ricostruzione del sistema partitico dopo l'implosione avvenuta con Tangentopoli. Il partito cattolico si divideva a quel punto nelle sue due anime tradizionali, a riflettere quelle esistenti nel proprio elettorato e tra la stessa gerarchia ecclesiastica, e a dimostrazione che l'esperienza della vecchia DC era legata a una serie di condizioni eccezionali, *in primis* alla necessità di un fronte unitario contro il comunismo, tanto interno quanto internazionale. Tangentopoli era dunque stata la causa scatenante più che quella determinante della fine della DC; le divisioni prodotte dalla disgregazione del partito cattolico erano così nette che ogni progetto di riunificazione era destinato al fallimento e pertanto, negli anni successivi, non sarebbe stato neppure seriamente tentato, anche se non sarebbero mancate le esortazioni della Chiesa a ricostituire un partito sul modello della vecchia DC.

Il Pds fu l'unico dei grandi partiti della prima Repubblica che riuscì a sopravvivere nonostante la drammatica crisi dell'ideologia e dell'esperienza del socialismo reale. Ancora per qualche anno esso avrebbe conservato lo zoccolo duro del suo elettorato tradizionale, specie in quelle regioni del centro Italia che erano state da sempre i suoi punti di forza e dove il Pci aveva costruito una fitta rete di istituzioni e di interessi, ma perse gran parte della capacità di attrazione verso alcuni settori del ceto medio che pure aveva

TAB. 2.3. *La consultazione referendaria dell'11 giugno 1995*

| Referendum | Votanti | Si | No |
|---|---|---|---|
| 1 Rappr. sindacali (massimali) | 56,9 | 49,97 | 50,03 |
| 2 Rappr. sindacali(minimale) | 56,9 | 62,1 | 37,9 |
| 3 Contratti pubblico impiego | 56,9 | 64,7 | 35,3 |
| 4 Soggiorno cautelare | 57 | 63,7 | 36,3 |
| 5 Privatizzazione Rai | 57,2 | 54,9 | 45,1 |
| 6 Licenze commerciali | 57,1 | 35,6 | 64,4 |
| 7 Trattenute sindacali | 57,1 | 56,2 | 43,8 |
| 8 Legge elettorale comunale | 57,1 | 49,4 | 50,6 |
| 9 Orario negozi | 57,1 | 37,5 | 62,5 |
| 10 Concessioni televisive nazionali | 57,9 | 43,0 | 57% |
| 11 Interruzioni pubblicitarie | 57,9 | 44,3 | 55,7 |
| 12 Raccolta pubblicità | 57,8 | 43,6 | 56,4 |

*Fonte*: Ministero dell'Interno, Direzione centrale per i servizi elettorali.

avuto nel momento del suo maggior successo elettorale. D'altro lato la ristrutturazione del sistema economico iniziata nel corso degli anni Novanta, in seguito al processo di liberalizzazione di una parte dell'industria di stato, e l'avvento delle nuove tecnologie informatiche, con la rapida espansione del terziario, lo privavano di quella massa operaia che era la sua naturale area di espansione: proprio nelle zone di antica industrializzazione il Pds era destinato a subire, negli anni successivi, un lento processo di logoramento. Del vecchio Pci non rimaneva che l'organizzazione, già drasticamente ridotta dalla scarsezza dei mezzi e destinata, con il passare degli anni, a un graduale indebolimento.

Il tentativo di attrarre nuclei di classe media che il partito cercherà di mettere in atto spostandosi verso il centro non avrà grande successo, soprattutto al Nord, dove il Pds non riesce a contrastare la presenza di Forza Italia e soprattutto della Lega, la quale negli anni successivi a Tangentopoli vede aprirsi nuovi spazi e nuove prospettive. Nonostante la crisi organizzativa interna, i problemi di carattere finanziario dovuti a speculazioni sbagliate, e i difficili rapporti tra il leader e fondatore del movimento e i suoi quadri, che tra il 1994 e il 1995 produrranno trasferimenti (in genere verso Forza Italia) e abbandoni, la Lega tiene e si rafforza grazie all'attenzione per i problemi locali che le permette di creare una fitta rete di collegamenti e un profondo radicamento, soprattutto in Lombardia, quindi in Piemonte e Veneto. Negli anni successivi il partito si trasforma: Bossi abbandona i toni truculenti delle origini, ma soprattutto i programmi di secessione, a cui sostituisce quelli di un federalismo più moderno e meno estremizzante. Resta sempre molto forte l'ostilità verso gli immigrati, contro i quali il partito lancia nell'autunno del 1995 una nuova e violenta campagna che avrà ampia eco nell'elettorato padano. La Lega sembra giovarsi del suo relativo isolamento; la strada del ritorno all'alleanza con Forza Italia sarebbe stata lunga e si sarebbe concretizzata solo nel 2000, alla vigilia delle elezioni regionali del marzo di quell'anno.

Dopo la caduta del governo Berlusconi, Forza Italia, che alcuni osservatori continuavano a considerare un «partito provvisorio», resta in attesa di elezioni che, nelle aspettative di Berlusconi, sarebbero dovute giungere a breve; ma poi arrivano i risultati negativi delle amministrative di aprile-maggio, vinte dai partiti del centrosinistra, che conquistano 9 regioni rispetto alle 6 del Polo e 21 sindaci su 24 nei capoluoghi di provincia. Quei risultati, in parte riequilibrati dalla vittoria di Berlusconi in alcuni dei dodici quesiti referendari (soprattutto in quelli relativi all'abrogazione delle concessioni televisive e della raccolta pubblicitaria), frenano la corsa verso le elezioni politiche e inducono il partito a riorganizzarsi.

Forza Italia, nato come partito di governo, era privo di una rete sul territorio; cercherà a quel punto di dotarsene, pur restando una formazione che si mobilita al momento delle elezioni, secondo le direttive del leader e dei suoi consiglieri. La nuova struttura prevede un'articolazione su quattro livelli: oltre a quello nazionale, quelli regionali, provinciali e di collegio. Sarà su quest'ultimo che poggerà la nuova organizzazione del partito, con una serie di responsabili che si attivano soprattutto al momento delle elezioni. Di pari importanza è l'organizzazione regionale, con un coordinatore che mantiene uno stretto rapporto con il vertice nazionale. Una novità introdotta nel 1995 è il «promotore», un militante che ha funzioni propagandistiche e la responsabilità del controllo delle operazioni di scrutinio a livello di sezione elettorale; una delle preoccupazioni principali dei dirigenti di Forza Italia e dello stesso Berlusconi è infatti che, grazie alla superiore organizzazione del Pds, i risultati elettorali possano essere falsati nella fase dello scrutinio. A completare l'organizzazione di Forza Italia concorre una rete di club organizzati autonomamente che tuttavia restano legati al partito da un rapporto informale; il leader ne promuove l'azione secondo le necessità e nei momenti più opportuni. In sostanza l'organizzazione di Forza Italia resta anomala rispetto a quella dei partiti tradizionali, il tesseramento è sporadico, non ci sono elezioni interne e ogni responsabile viene cooptato dall'organo superiore. Al vertice del partito ci sono un comitato di coordinamento, il cui presidente è il leader, cioè Berlusconi, con poteri di decisione illimitati e sottratti a ogni controllo, un consiglio nazionale eletto dal congresso (tenuto solo due volte), un coordinatore nazionale e un portavoce. Nonostante l'esistenza di una struttura di base a livello di collegio e l'istituzione del promotore, Forza Italia resta un partito con una forte proiezione a livello nazionale, grazie all'attivismo del suo leader e alla disponibilità di eccezionali mezzi di comunicazione: le tre reti televisive di proprietà di Berlusconi, i giornali della famiglia («Il Giornale» e più tardi, nel 2000, «Libero»), nonché una serie di organi fiancheggiatori a diversa intensità («Il Resto del Carlino», «La Nazione», «Il Tempo», «Il Foglio»). Il lavoro culturale è svolto attraverso fondazioni come la Magna Carta di Marcello Pera e Gaetano Quagliariello, l'Ideazione di Domenico Mennitti e il Circolo di Marcello Dell'Utri.

Almeno in una prima fase la presenza del partito nelle amministrazioni locali è limitata, specie a livello di organi provinciali e comunali, e solo successivamente esso riesce a costruire una rete di attivisti e di amministratori. Forza Italia ha i suoi capisaldi elettorali nelle regioni settentrionali, ma quale partito autenticamente nazionale è presente dappertutto, anche se nel sud avverte la concorrenza di Alleanza nazionale e dei partiti ex democristiani, Cdu e Ccd.

In conclusione esso pare un partito organizzato più secondo il modello «americano» (benché privo di elezioni primarie) che secondo quello europeo, e tanto meno italiano, con un rapporto di assoluta dipendenza della base dal leader, il quale con il suo carisma e i suoi mezzi ne costituisce il principale punto di forza.

# CAPITOLO TERZO

# UN RITORNO ALLA NORMALITÀ

## *L'Ulivo e le elezioni del 1996*

Insieme al riallineamento delle maggiori forze politiche, il 1995 segna anche il ritorno a una qualche normalità nella vita del paese, dopo le dure prove del biennio 1992-1994. Ne sono simbolo le dimissioni dalla magistratura di Antonio Di Pietro, pubblico accusatore del Pool di Mani pulite: accusato a sua volta di concussione e di abuso di ufficio, verrà assolto, ma l'episodio è interpretato come l'atto che chiude il capitolo di Tangentopoli. L'altro fatto ugualmente emblematico è l'inizio a Caltanissetta del processo per la strage di Capaci, che vede imputata tutta la gerarchia mafiosa. È il primo atto di una guerra alla mafia che, nell'arco di qualche anno, grazie anche al contributo di migliaia di pentiti, liquiderà un'intera generazione di mafiosi. Ma se il fronte dei partiti ha raggiunto una qualche stabilità, sono ancora lontane quelle riforme istituzionali che dovrebbero ristrutturare il sistema dopo la lunga stasi degli anni della prima Repubblica.

Il 1996 si apre sotto il segno dell'Ulivo, la coalizione di centrosinistra che riconosce in Romano Prodi il proprio leader e il candidato alla presidenza del Consiglio. L'Ulivo è il risultato di un'ampia serie di accordi; i partiti fondatori sono il Pds, il Ppi, il Patto dei Democratici (che comprende il Patto Segni, l'Alleanza democratica di Willer Bordon, i socialisti italiani di Enrico Boselli, eredi del vecchio Psi), e inoltre la Federazione dei verdi e alcune formazioni minori, i cosiddetti «cespugli», come la Rete, il Partito repubblicano, la Federazione dei liberali italiani di Valerio Zanone, i laburisti di Valdo Spini, il Movimento dei comunisti unitari e i Cristiano Sociali di Pierre Carniti.

Più tardi si aggregheranno i Democratici fondati da Prodi nel 1999 e l'Udeur di Clemente Mastella.

Prodi arriva alla politica dopo una lunga e prestigiosa carriera come studioso e docente universitario (Bologna, Trento, Harvard, Stanford) e una breve esperienza come ministro dell'Industria nel IV governo Andreotti; in seguito era stato scelto dal governo Spadolini per la presidenza dell'Iri, la holding industriale pubblica, in un momento difficile per l'azienda, il 1982. Nei sette anni della sua presidenza Prodi aveva risanato l'Iri, riportandolo all'utile e riducendone l'enorme indebitamento. Fortemente sostenuto dal suo antico docente Beniamino Andreatta, già ministro di vari governi durante la prima Repubblica e personaggio di spicco nel mondo cattolico, diventa un naturale candidato alla presidenza del Consiglio durante gli anni della crisi economica proprio perché questa richiede un esperto alla guida del paese, ma anche perché, come osserverà qualcuno, il suo profilo politico e umano lo qualifica come l'«anti-Berlusconi», adatto a gestire l'incontro tra cattolici e laici in una coalizione alternativa alla destra.

Più che un programma di legislatura, quello dell'Ulivo, articolato in 88 tesi, appare un manifesto per la ricostruzione politica, economica e morale di «uno stato nuovo». Al di là delle tentazioni presidenzialiste, alle quali anche la sinistra non era stata totalmente estranea, lo «stato nuovo» si confermava sulla base di un sistema parlamentare, ma centrato «sulla figura del primo ministro», in modo da richiamare più un modello di cancellierato alla tedesca che quello di un premierato britannico. L'indicazione che il primo ministro sarebbe stato scelto da una votazione popolare stava a indicare l'abbandono del parlamentarismo della prima Repubblica, nonché del faticoso e poco trasparente negoziato fra i partiti e fra le correnti per la scelta del presidente del Consiglio. Il modello tedesco si confermava con l'adozione del metodo della sfiducia costruttiva, che prevedeva l'esistenza di un nuovo governo al momento della fine del vecchio. All'aumento dei poteri e al rafforzamento della figura del presidente del Consiglio corrispondeva l'indebolimento di quelli del presidente della Repubblica, a cui sarebbe stato sottratto il potere di designazione del premier, riducendolo così a un ruolo puramente cerimoniale. Il sistema elettorale previsto era maggioritario a doppio turno, con l'iscrizione sulla scheda del nome del candidato alla presidenza del Consiglio. A completare le riforme istituzionali che rappresentavano il nocciolo duro del programma, venivano introdotti forti elementi di federalismo: erano rafforzate le regioni che avrebbero avuto il potere di legiferare in tutte le materie non riservate al governo nazionale; era introdotto il principio del federalismo fiscale, grazie al trasferimento alle regioni di quote significative di tasse e contributi, pur contemplando la conservazione di necessari equilibri tra regioni ricche e povere; infine si proponeva che il Senato si trasformasse in una Camera delle regioni, secondo il modello del Bundesrat tedesco.

Le tesi prodiane prevedevano la continuazione del risanamento finanziario iniziato da Amato e da Ciampi, e la partecipazione italiana alla moneta unica fin dalla sua creazione con i necessari interventi sulla finanza nazionale.

Altri importanti temi delle tesi erano il lavoro e i suoi problemi, oggetto del «pacchetto Treu» (dal nome del suo autore, Tiziano Treu, futuro ministro del Lavoro del primo governo Prodi), che prevedeva il perfezionamento della riforma pensionistica (già attuata in buona misura dal governo Dini), la flessibilizzazione del lavoro con l'introduzione di nuove forme di impiego diversificate nel tempo e nelle funzioni, misure contro la disoccupazione dirette a limitare il ricorso alla cassa integrazione a occasioni speciali, nonché istruzione e qualificazione professionale rivolte soprattutto ai giovani. Una delle proposte più originali, pur mutuata dall'esperienza americana, era la creazione di un'Agenzia per il lavoro; nel caso di un rifiuto della prima offerta di lavoro fatta da tale Agenzia, il lavoratore sarebbe stato avviato ad attività socialmente utili.

C'era nel programma di Prodi il tentativo di modernizzare i rapporti sindacali e di rendere più flessibili il lavoro e le sue regole, da troppo tempo rimaste immutate, in vista di un'ampia privatizzazione di beni e attività pubbliche, anch'essa parte del programma prodiano. L'uno e l'altra apparivano finalizzati alla creazione di un milione di nuovi posti di lavoro, impegno preso da Prodi che sarà il *leitmotiv* di tutta la campagna elettorale precedente le elezioni dell'aprile 1996.

## I risultati elettorali

Prodi si era candidato alla presidenza del Consiglio già nel febbraio del 1995, quando sembrava prossima la fine del governo Dini; la lunga attesa delle nuove elezioni non avrebbe giovato alla coesione dell'Ulivo che inizialmente era stato accolto con favore dal maggior alleato, il Pds di D'Alema e Veltroni, e soprattutto da quest'ultimo che si stava chiaramente impegnando per completare la transizione del Pds verso un moderno partito socialdemocratico.

A rendere faticoso e in certi momenti problematico il percorso dell'Ulivo sarebbero stati i «cespugli», le formazioni minori (quasi una dozzina) che lo avevano seguito fin dall'inizio, ma che non volevano rinunciare alle piccole posizioni di potere detenute ed erano riluttanti a sottoporsi a un nuovo giudizio elettorale dopo due soli anni di vita.

Ma c'era anche il problema di definire meglio ciò che sarebbe stato l'Ulivo, quale la sua struttura e soprattutto i rapporti tra le forze coalizzate, in particolare con il Pds che, date le sue dimensioni, avrebbe potuto esercitare una funzione egemonica. Si poneva il problema se la coalizione avrebbe dovuto essere una federazione di una sinistra liberaldemocratica e tendere verso un partito unico, o un'alleanza elettorale tra forze di centrosinistra che, pur riconoscendosi nel programma dell'Ulivo, avrebbero mantenuto la loro identità. La prima soluzione era quella a cui certamente puntava Prodi e probabilmente anche Veltroni; D'Alema, pur non escludendola come punto di arrivo, la giudicava prematura. Segni e i leader dei «cespugli» erano nettamente orientati verso l'alleanza elettorale; prevaleva insomma in loro una naturale diffidenza verso il Pds, un partito che era stato avversario storico fino a qualche anno prima, e pesava la coscienza di una diversità ideologica e culturale. Nel luglio del 1995 si svolgeva a Roma il congresso del Pds, a carattere tematico, da cui usciva una posizione complessiva molto vicina a quella delle tesi pro-diane. Restavano fino all'ultimo le perplessità dei cespugli, che per la consultazione dell'aprile del 1996 avrebbero fatto prevalere la loro scelta per un'alleanza elettorale. Ma l'idea del partito unico rimaneva sullo sfondo ed era desti-nata a realizzarsi nell'arco di dieci anni.

Intanto alla fine di dicembre Dini si dimetteva, avendo completato il mandato previsto e cioè quello di gestire una pausa di relativa stabilità, dopo il tormentato bien-nio precedente, e soprattutto dopo aver portato a termine la delicata riforma del sistema pensionistico con l'intesa del sindacato, un contributo importante e positivo, come verrà riconosciuto anche dai nemici politici, a un welfare italiano più consono alle possibilità del paese.

Grazie ai consensi ottenuti dalla sua azione di governo, Dini creava un suo movimento, Rinnovamento italiano, e si alleava con l'Ulivo. Intanto Scalfaro, che puntava alla continuazione della legislatura, incaricava Antonio Macca-nico di formare un nuovo governo «dalle larghe intese», che tuttavia naufragava anche per l'opposizione dei pro-diani che ormai si sentivano pronti ad assumere responsa-bilità di governo e puntavano sulle elezioni anticipate. A questo punto il presidente doveva prendere atto della si-tuazione, scioglieva le Camere e fissava per il 21 aprile la data per l'elezione del nuovo Parlamento.

La campagna elettorale si svolse in base alla «par con-dicio» che mirava a fissare parità di trattamento per tutti i concorrenti nell'accesso ai media, e in particolare al mezzo televisivo. La disciplina del sistema radiotelevisivo in cam-pagna elettorale era un vecchio problema che era stato af-frontato in passato con una serie di provvedimenti legisla-tivi. Ma aveva assunto particolare importanza con l'arrivo di Berlusconi, detentore di ben tre reti televisive nazionali, che per di più non sottostavano alla sorveglianza della Commissione parlamentare di vigilanza, che controlla solo le reti Rai. La *par condicio* non era solo un modo per di-sciplinare ed equilibrare la campagna elettorale, ma faceva parte di un tentativo di avviare la politica italiana sui bi-nari di quella normalizzazione invocata da molti in ambe-due gli schieramenti. La campagna elettorale ebbe le sue asprezze, ma a differenza di quella del 1994 segnava l'avvento di un clima nuovo che sembrava anticipare il riconoscimento di una reciproca legittimazione a esprimere il governo del paese. Ciò anche in conseguenza dell'incertezza sui risultati del confronto, che sarebbe stata confermata dai sondaggi che mai prima si erano dimostrati così fallaci, soprattutto su due punti: il risultato della Lega, di gran lunga superiore alle previsioni, e quello di Alleanza nazionale, che avrebbe mancato il sorpasso su Forza Italia, pronosticato alla vigilia.

## Le elezioni del 1996

A caratterizzare il risultato era la netta flessione della partecipazione elettorale. Il Polo guadagnava nel proporzionale, l'Ulivo nel maggioritario, ma ambedue perdevano voti, seppur in diversa misura. I voti validi scendevano dai 39.243.506 del 1992 e dai 38.594.477 del 1994 a 37.494.965. La discesa continuerà nelle amministrative del 1996, segno di un distacco nei confronti della politica che si confermerà negli anni successivi.

La vittoria dell'Ulivo, netta soprattutto in termini di seggi conquistati nell'uninominale, 246 contro i 169 del Polo, era il frutto di una coalizione più larga di quella del 1994 e di una strategia intelligente costruita su accordi di desistenza con Rifondazione comunista al fine di evitare una contrapposizione nei collegi uninominali che sarebbe stata perdente per l'una e l'altra parte. Ma, vantaggioso sul piano elettorale, l'accordo rivelerà tutti i suoi inconvenienti sul piano della collaborazione governativa. Tra l'Ulivo e Rifondazione non c'era stata un'alleanza programmatica (in effetti i due partiti presentavano programmi separati). Inoltre nella spartizione dei collegi l'Ulivo faceva la parte del leone e a Rifondazione andava un numero di seggi inferiore rispetto alla sua consistenza politica ed elettorale. Nonostante la buona affermazione dell'8,2%, Rifondazione otteneva solo 35 seggi, mentre al Partito popolare di Prodi, che costituiva il centro dell'Ulivo, nonostante il risultato decisamente mediocre del 6,8% andavano ben 71 seggi.

TAB. 3.1. *Le elezioni del 1996*

| Camera (votanti 82,6%) | % | Seggi |
|---|---|---|
| *Uninominale* | | |
| Ulivo | 42,1 | 246 |
| Progressisti (PRC) | 2,7 | 15 |
| Polo delle libertà | 40,3 | 169 |
| Lega Nord | 10,9 | 39 |
| Altri | 4,0 | 6 |
| *Proporzionale* | | |
| Partito democratico della sinistra | 21,1 | 26 |
| Forza Italia | 20,6 | 37 |
| Alleanza nazionale | 15,7 | 28 |
| Lega Nord | 10,1 | 20 |
| Rifondazione comunista | 8,6 | 20 |
| Popolari Prodi | 6,8 | 4 |
| Ccd-Cdu | 5,8 | 12 |
| Lista Dini-Rinnovamento italiano | 4,3 | 8 |
| Verdi | 2,5 | – |
| Lista Pannella-Sgarbi | 1,9 | – |
| Mov. Soc. Fiamma Tricolore | 0,9 | – |
| Altri | 1,8 | – |

Buono il risultato di Forza Italia con il 20,6%. Medio-cri quelli dell'alleanza Ccd-Cdu, che per la parte proporzionale della Camera raggiungeva il 5,8%, e si qualificava per la rappresentanza in Parlamento, cosa che non riusciva ai Verdi e alla Lista Pannella-Sgarbi alleata di Berlusconi. Buono il risultato di Alleanza nazionale impegnata nel tentativo, fallito, di superare il partito di Berlusconi, ma indebolita dalla scissione del Msi-Fiamma Tricolore, avvenuta al Congresso di Fiuggi, che faceva perdere al partito di Fini una trentina di seggi riflettendosi sul dato complessivo del Polo delle Libertà. A prescindere dai risultati di queste elezioni appariva in modo sempre più netto la distribuzione geografica del voto, destinata a confermarsi anche per il futuro. Al Nord il partito più forte era la Lega con il 20,5%, seguita da Forza Italia con il 20,1%; il Pds con il 18,6% dimostrava la netta erosione delle sue posizioni storiche nei distretti industriali e Alleanza nazionale doveva accontentarsi di un 11%. Al centro invece era il Pds a staccare nettamente gli altri due maggiori partiti con il 28,6% delle «regioni rosse». Ma anche Alleanza nazionale, grazie al Lazio, riportava un 22,3%, superiore al 15,7% di Forza Italia. Al sud con il 22,3% Forza Italia si affermava come il maggior partito, seguito da vicino da Alleanza nazionale con il 19,2%, mentre al Pds andava il 20,9%. Nelle isole Forza Italia raggiungeva addirittura il 29,7% contro il 17,5% del Pds e il 13,5% di Alleanza nazionale.

Non riusciva che in parte il tentativo di semplificare il sistema partitico. La nuova legge elettorale, il «Mattarellum», come verrà definita sprezzantemente da Giovanni Sartori, trovava un forte correttivo negli accordi di desistenza che permettevano la rappresentanza parlamentare anche alle formazioni che non avevano raggiunto lo sbarramento del 4%.

Il bipolarismo restava largamente imperfetto, una maggioranza si era formata in ambedue i rami del Parlamento: Ulivo e Rifondazione avevano ottenuto il 50,8% alla Camera e il 53% al Senato, ma alla Camera i voti di Rifondazione erano determinanti per la maggioranza; un elemento che avrebbe pesato fortemente sul nuovo governo e in ultima analisi ne avrebbe deciso la sorte.

Nella seconda metà del '96, a elezioni avvenute, sulla scena politica appariva una nuova prospettiva: quella delle cosiddette «larghe intese». All'interno di alcuni settori del Pds si stava accreditando una linea che faceva capo a D'Alema, secondo il quale la soluzione alla crisi del paese passava attraverso «la via di una paziente e difficile reciproca legittimazione e della comune definizione di un quadro di regole condivise in grado di garantire in Italia una democrazia normale». L'idea di un dialogo per il raggiungimento di larghe intese aveva avuto un certo credito già nell'ultima fase del governo Dini, giustificata anche da un miglior rapporto personale tra D'Alema e Berlusconi. In effetti più che i segni di un dialogo c'era stata tra i due poli l'attenuazione della forte conflittualità dei due anni precedenti, ma l'idea di un sistema bipolare quale alternativa alla proliferazione partitica stava prendendo quota su ambedue i versanti dello schieramento. Dopo le elezioni quella prospettiva si riproporrà con più forza e il suo primo frutto sarà la Commissione parlamentare per le riforme costituzionali, meglio conosciuta come Bicamerale, a presidenza D'Alema, che verrà istituita il 22 gennaio con voto dei due rami del Parlamento. Sarà la terza degli ultimi quindici anni, ma anche questa, come le precedenti, si concluderà con un nulla di fatto.

*Lacrime e sangue per l'ingresso nell'euro*

Il 16 maggio Prodi riceveva l'incarico da Scalfaro e il giorno dopo il governo, di alto profilo, era già pronto. Ne facevano parte Dini agli Esteri, Giorgio Napolitano agli Interni, Veltroni alla vicepresidenza. I due portafogli chiave per «portare l'Italia in Europa», il Bilancio e il Tesoro a Ciampi, le Finanze a Vincenzo Visco.

In una intervista all'«Herald Tribune» del 30 aprile 1996 Prodi aveva promesso diciotto mesi di duri sacrifici per gli italiani. Era il prezzo che il paese avrebbe pagato per l'ingresso nella moneta unica, che resta il più importante obiettivo e il principale merito del governo Prodi. Prodi aveva deciso che l'Italia sarebbe entrata già al momento della creazione della moneta unica, nonostante dai governi tedesco e francese fosse stata avanzata l'ipotesi di un ingresso italiano in un secondo tempo, pur con la garanzia di un trattamento pari a quello riservato ai fondatori. Perché non sorgessero malintesi Prodi comunicava a Kohl e Chirac l'intenzione dell'Italia, e fin dall'inizio del suo mandato preparava il paese all'appuntamento.

Ma il compito dei governanti italiani non sarebbe stato facile. Alla vigilia della decisione di quali paesi fossero qualificati a partecipare fin dall'inizio alla moneta unica, che sarebbe stata presa nel maggio 1998 sui dati relativi al 1997, l'Italia era alquanto lontana dai parametri fissati a Maastricht: deficit al 3%, inflazione al 3% e debito nazionale non superiore al 60% del Pil. Nel 1995 i dati per l'Italia erano rispettivamente il 5%, il 5,36% e il 120%. Inoltre il governo italiano aveva deciso l'uscita dallo Sme nel 1992 e uno dei criteri previsti per la qualificazione alla moneta comune era una permanenza di almeno due anni nello Sme. Dopo gli eccessi finanziari del decennio 1978-1988, caratterizzati da alti deficit di bilancio, e la svalutazione del 1992 la moneta restava relativamente stabile e l'inflazione sotto controllo. Durante i tre governi di Ciampi, Berlusconi e Dini il deficit di bilancio si era ridotto e il debito pubblico si attestava per i tre anni al 120%; inoltre grazie anche alla svalutazione del '92 la crescita era ripresa e ciò avrebbe reso più agevole il compito di Prodi; una delle sue prime decisioni in novembre fu il rientro nello Sme dopo che Ciampi aveva negoziato una parità di 990 lire nei confronti del marco, vantaggiosa rispetto al tasso di mercato che si collocava tra le 1.000 e le 1.010 lire.

Sull'iter del governo Prodi per l'ingresso nella moneta comune influirà una scelta dei tempi inizialmente sbagliata nell'ipotesi che si potesse ottenere un rinvio di un anno nel varo della moneta unica. Il Dpef (Documento di programmazione economica e finanziaria), pronto già a giugno, prevedeva per il 1997 un deficit del 4,5% del Pil in modo da centrare il parametro di Maastricht del 3% solo nel 1998. Ma nel corso di un viaggio a Valencia, compiuto in settembre, al fine di sondare il governo spagnolo per una azione comune tendente a spostare di un anno l'inizio della moneta unica, Prodi e Ciampi trovavano un governo Aznar determinato e pronto a rispettare i tempi del programma. Davanti a questa prospettiva e alla conferma che anche il governo francese e quello tedesco erano contrari a ogni rinvio, il governo Prodi decideva di affrettare il rientro nei parametri, e il Dpef per il 1997, originariamente previsto per 32.000 miliardi, veniva quasi raddoppiato a 62.500 con l'obiettivo di raggiungere il fatidico traguardo di un deficit del 3% già per il 1997. Oltre a prevedere un taglio delle spese per un terzo del totale, il Dpef introduceva una tassa speciale per l'ingresso nella moneta unica (l'eurotassa) e successivamente l'anticipo d'imposta del 3,89% sul trattamento di fine rapporto, cioè la tassazione anticipata sulle liquidazioni. L'impegno del governo era la restituzione dell'eurotassa entro il 1999 come credito d'imposta o attraverso l'acquisto di obbligazioni.

In realtà il rimborso riguarderà solo il 60% delle somme prelevate (circa 12 mila miliardi). Grazie a queste misure, già alla fine dell'anno il tasso di inflazione era sceso al 3% e a metà 1997 sotto il 2%, mentre il deficit veniva ridotto nel 1997 in tempo per la qualificazione. Restava la pesante situazione debitoria, doppia rispetto a quella prevista dai parametri. Anche il Belgio aveva un problema analogo, con un debito persino superiore a quello italiano, ma il governo belga aveva già adottato le riforme strutturali che lo avrebbero ridotto.

Per l'ingresso dell'Italia nell'euro, nonostante il cospicuo debito, sarebbe stata decisiva la preoccupazione dei maggiori partner europei che, lasciando l'Italia fuori della moneta comune, il governo di Roma avrebbe continuato la politica delle «svalutazioni competitive» diventando così un temibile concorrente sul piano commerciale per l'industria tedesca e francese e provocando una forte azione di disturbo all'interno del mercato comunitario.

A conclusione dei provvedimenti già presi il 27 marzo 1997, il governo approvava un'ulteriore manovra correttiva (la cosiddetta «manovrina») di 15.500 miliardi. Sarà quest'ultimo provvedimento, della cui necessità si era discusso a lungo e in modo alquanto acceso, a far esplodere il conflitto con Rifondazione comunista. Nel corso dei mesi precedenti Prodi era stato costretto a più di una concessione al difficile alleato. Rifondazione aveva per ben quattro volte votato contro il documento di programmazione economica e solo un accordo con il governo su un piano per l'occupazione di quindicimila miliardi e l'aumento degli assegni familiari per i nuclei più bisognosi aveva sbloccato il documento di bilancio. Ulteriori negoziati venivano condotti e qualche taglio in meno nella spesa sociale concordato in margine alle trattative per la definizione dell'eurotassa, ma la necessità di ulteriori sacrifici previsti appunto dalla «manovrina» rendeva palese il disagio latente da qualche mese all'interno di Rifondazione.

La crisi tra il governo e Rifondazione comunista scoppiò nella prima metà di ottobre, ma si risolse inaspettatamente così come si era manifestata. Il primo ottobre Rifondazione bocciava la finanziaria, ma Prodi restava fermo sulle proprie posizioni; seguivano alcuni giorni in cui Fausto Bertinotti, leader di Rifondazione, era oggetto di ogni tipo di pressioni per aver aperto la crisi «più pazza del mondo». Dopo un accorato discorso di Prodi alla Camera il giorno 7, Rifondazione confermava il suo rifiuto e al presidente del Consiglio non restava che rassegnare le dimissioni al presidente Scalfaro.

Ma intanto si trattava e inaspettatamente la soluzione arrivò dalla Francia, dove il governo Jospin aveva adottato la settimana di 35 ore a partire dall'anno 2000. Il giorno 3 Jospin e Prodi con i rispettivi ministri del Lavoro, Treu e Aubry, si incontrarono a Chambéry e dichiararono la compatibilità della riduzione dell'orario con i rispettivi impegni di bilancio.

Seguirono alcuni giorni di trattativa con Rifondazione con alti e bassi ma finalmente sulla promessa del governo di adottare le «35 ore settimanali per tutti i lavoratori entro il 2001» e su pochi altri punti (impegno del governo di creare l'agenzia dell'occupazione precedentemente negata, alcuni sgravi in materia sanitaria ai meno abbienti e il riconoscimento di attività usuranti per l'anticipo della pensione) l'accordo fu trovato. Il Dpef veniva conservato nella sua integrità e il governo era salvo. La borsa che nei giorni della crisi aveva perso il 5% recuperava le posizioni perdute.

*Il ritorno all'instabilità*

Insieme alla difficile collaborazione con l'estrema sinistra e al pesante compito di preparare il paese per l'ingresso nell'euro, il governo Prodi aveva dovuto affrontare una quantità di problemi minori che preannunciavano una nuova fase di instabilità interna e difficoltà internazionali. Alla prima avrebbe contribuito la Lega con una serie di iniziative che sembravano preannunciare il ritorno ai temi dell'origine. Nel corso degli anni Novanta la Lega continuava la sua azione di protesta e di contestazione a vari livelli nei confronti dei valori e delle strutture del sistema istituzionale. Oltre che all'attiva presenza a livello locale che costituiva il più importante veicolo di influenza e di voti per il partito di Bossi, la Lega si impegnava a livello sindacale con il Sal (Sindacato autonomista lombardo) contro l'egalitarismo delle gabbie salariali e per la difesa del lavoro italiano nei confronti della concorrenza degli immigrati. Contro lo stato multirazziale alla cui creazione, secondo Bossi, tendeva la legge Martelli sull'immigrazione, la Lega organizzava una violenta campagna referendaria. Altri temi fortemente conflittuali erano la proposta di dividere l'Italia in tre repubbliche federali corrispondenti al nord, centro e sud del paese, gli attacchi alla bandiera tricolore e a quella dell'Unione europea. Dopo un breve interludio durante il governo Dini che coincideva con una fase di difficoltà e di scissioni interne e di qualche problema di Bossi con la giustizia per i suoi eccessi oratori e per il vilipendio delle istituzioni, l'attivismo della Lega riprendeva durante il governo Prodi; nel settembre 1996 veniva proclamata l'indipendenza della Padania, e l'anno dopo l'elezione di un parlamento padano, la creazione di un governo ombra e un referendum sulla secessione. Nonostante il clamore che quelle iniziative suscitarono, apparve presto chiaro che si trattava di manifestazioni tra la propaganda e il folklore che miravano soprattutto a mantenere vicino al partito iscritti e simpatizzanti. Presto il progetto scissionista perse forza e si trasformò in progetto federalista anche grazie alle sollecitazioni che venivano dalla riforma del titolo (Parte II, Titolo V, art. 114) della Costituzione che poneva in essere un nuovo rapporto tra stato e regioni introducendo il principio di sussidiarietà e definendo con maggior precisione le competenze delle regioni e quelle dello stato. Anche la legge Bassanini che attribuiva nuova autonomia e nuovi poteri ai comuni contribuiva al nuovo corso della Lega.

Continuava comunque la costruzione di una imprecisata tradizione padana con i ricorrenti riti paganeggianti e i bagni di folla agresti tra dirigenti e iscritti, e continuavano le espressioni di ribellismo nei confronti dello stato e delle istituzioni europee, come nel caso dell'annosa questione delle quote latte imposte dall'UE, che molti allevatori padani avevano largamente superate rifiutando di pagare le multe comminate dalla Commissione.

Quasi contemporaneamente alla protesta degli allevatori, che nel gennaio 1997 bloccarono le autostrade e gli aeroporti di Milano e di Venezia, scoppiava la crisi albanese che, come già nel '91, avrebbe portato migliaia di profughi sulle nostre coste. Questa volta il motivo era una vera e propria rivolta popolare per una vasta truffa ai danni dei risparmiatori albanesi organizzata da alcune società finanziarie. Le dimostrazioni popolari a Tirana si facevano sempre più violente, dirette contro il presidente Sali Berisha e il premier Fino, mentre aumentava l'esodo di profughi attraverso il Canale d'Otranto che, nonostante i molti salvataggi in mare operati dai nostri guardacoste, creava anche incidenti con numerose perdite umane; il più grave fu alla fine di marzo con il capovolgimento di un barcone carico di albanesi in collisione con una corvetta della marina italiana e il salvataggio di una trentina di occupanti e 50 dispersi. I tentativi del governo italiano di contenere la massa dei profughi impedendone, in intesa con il governo di Tirana, la partenza dai porti albanesi provocheranno le accuse dell'Onu di operare un illecito blocco navale.

La rivolta in Albania raggiungeva livelli di violenza tali da giustificare un blitz dei nostri corpi speciali per permettere il rimpatrio di alcuni cittadini italiani bloccati a Valona. L'operazione precedeva di qualche settimana un vero e proprio intervento internazionale, di truppe italiane, francesi e spagnole, l'operazione «Alba», organizzata nell'aprile del 1997 dal governo italiano che ne prendeva il comando, per riportare la normalità nel paese delle aquile.

Ma intanto la questione dei profughi albanesi aveva una sua inevitabile ripercussione sulle elezioni amministrative, che si svolgevano in un primo turno il 27 aprile in più di mille comuni e in un secondo turno a novembre in quattrocento comuni. La Lega avrebbe fatto dell'immigrazione albanese uno dei temi principali della campagna elettorale criticando la politica del governo giudicata troppo permissiva; una linea che le permetterà di mantenere le proprie posizioni di influenza, specie nell'area pedemontana, e che le assicurerà significative affermazioni a Como, Varese, Vicenza. I partiti di governo si affermavano soprattutto nel secondo turno che assicurava all'Ulivo i sindaci di quasi tutte le maggiori città italiane capoluoghi di regione, a eccezione di Milano. Ma il dato preoccupante di queste consultazioni è l'ulteriore caduta della partecipazione elettorale dal 77,5% al 73,2%, specie nelle grandi città del nordest.

## Il cavaliere affonda la Bicamerale

Il governo Prodi coincide con un momento di difficoltà per Silvio Berlusconi e Forza Italia. Nel gennaio del 1996 inizia il processo contro il cavaliere per la corruzione della guardia di finanza. Qualche settimana dopo viene arrestato il giudice Renato Squillante, capo dei Gip romani, accusato di aver favorito Berlusconi nel processo per l'acquisto della Sme, una società agroalimentare dell'Iri, in cambio di denaro e regali di valore. Lo denuncia Stefania Ariosto, compagna di Vittorio Dotti, uno degli avvocati di Berlusconi, che verrà costretto alle dimissioni da parlamentare e a ritirarsi dalla politica. Anche Cesare Previti, intimo di Berlusconi ed ex ministro della Difesa nel suo primo governo, viene indagato. Si apre così uno dei maggiori scandali che metterà in seria difficoltà Berlusconi, specie dopo che, nel dicembre del 1997, la procura di Milano deciderà il rinvio a giudizio di Squillante, dell'avvocato Pacifico, mediatore tra Squillante e il cavaliere, nonché di Previti e dello stesso Berlusconi.

A luglio dell'anno successivo Berlusconi subisce la prima condanna a due anni e nove mesi di reclusione per le tangenti pagate alla guardia di finanza. Si tratta di un primo grado di giudizio e il processo è destinato a continuare fino all'assoluzione per insussistenza del fatto. Le difficoltà giudiziarie del cavaliere, la sua indifferenza al problema del conflitto di interessi (l'eventuale creazione di un *trust fund* a cui Berlusconi avrebbe potuto affidare la gestione delle sue proprietà veniva giudicata insufficiente dall'opposizione ma anche da osservatori neutrali) e i risultati delle amministrative negativi per il Polo inducono gli alleati di AN e del Ccd, ma anche qualche esponente di Forza Italia, a ipotizzare l'abbandono della scena politica da parte di Berlusconi. Il cavaliere cercherà di reagire indicendo, nell'aprile del 1997, il primo congresso nazionale di Forza Italia, che si risolverà in una grande operazione propagandistica attorno alla figura del leader;

ma l'episodio più che rafforzarlo lo indebolirà agli occhi dell'establishment politico. La decisione di Cossiga di costituire l'Udr, nel luglio del 1998, nasce anche dall'ipotesi che Berlusconi sia ormai finito e Forza Italia possa essere alla vigilia di un'eventuale disintegrazione. Obiettivo dell'Udr (Unione democratica per la Repubblica), è la ricostituzione di un blocco di centro, in alternativa a un bipolarismo inaccettabile per una parte degli ex democristiani. L'Udr e il Ccd di Casini, pur indebolito da Mastella che insieme a Buttiglione confluisce nell'Udr, insieme ad alcuni deputati di Forza Italia potrebbero essere il nucleo di un nuovo partito cattolico di centro. Cossiga, il regista dell'operazione, cerca di acquisire sostegni e alleanze sia a sinistra che a destra dello schieramento politico, con l'intento di scompaginare i due poli e di rafforzare il centro con nuove partecipazioni.

Alla fine di aprile annuncia il sostegno dell'Udr al Dpef (Documento di programmazione economica e finanziaria), una mossa in cui molti crederanno di intravedere i preliminari di una nuova maggioranza, ma Prodi, il cui governo sta attraversando un momento di stanchezza dopo il successo dell'ingresso nell'euro, si affretta a smentire e a riconfermare il suo rapporto con Rifondazione. Allora Cossiga si rivolgerà a Forza Italia e nel corso di un lungo colloquio con Berlusconi tenterà di convincerlo ad abbandonare il rapporto con AN e di portare Forza Italia su posizioni centriste. La manovra di Cossiga ha un risvolto che riguarda la Bicamerale, la commissione inaugurata nel gennaio 1997 sotto la presidenza di D'Alema e che con la riforma della Costituzione avrebbe dovuto creare le condizioni istituzionali per il rafforzamento del sistema bipolare. Cossiga osteggerà e criticherà la Bicamerale fin dalle origini e più tardi si congratulerà con Berlusconi per averla fatta cadere. L'operazione di Cossiga per la creazione di un grande partito di centro, secondo il modello della vecchia DC, si arena di fronte alle resistenze di Berlusconi, sempre più deciso a muoversi sulla strada del bipolarismo, e fallisce definitivamente nel momento in cui Berlusconi, grazie al successo di Forza Italia, primo partito alle elezioni europee del giugno 1999, e ai suoi tre milioni di preferenze, riacquista credito e riconferma la sua candidatura al governo del paese. Ma già alla fine del 1998 l'Udr, e soprattutto il suo leader, si rendono conto che l'obiettivo che il movimento si era posto alle sue origini non è, almeno per il momento, raggiungibile. L'ultimo atto significativo dell'Udr sarà il voto contro il governo dell'Ulivo e il sostegno decisivo alla candidatura di D'Alema alla successione di Prodi.

Nel gennaio 1999 Cossiga sosterrà Amato contro Prodi per la candidatura alla presidenza della Commissione europea, senza riuscirvi. Qualche settimana dopo lascia l'Udr. Sarà Mastella, che negli ultimi tempi ha cercato di sottrarre a Cossiga la leadership del partito, a raccoglierne l'eredità e a cambiarne il nome in Udeur, il 23 maggio.

Il 10 giugno 1998, dopo 18 mesi e 185 sedute, si concludeva la terza (dopo quella del 1983-1985 presieduta da Aldo Bozzi e la De Mita-Iotti del 1993-1994) Bicamerale, presidente D'Alema, con un nulla di fatto. I temi che la commissione aveva preso in esame erano la riforma della magistratura e la legge elettorale; la forma dello stato, la struttura del governo. La rottura tra i due principali protagonisti dell'operazione, Berlusconi e D'Alema, avveniva sui poteri di un presidente della Repubblica che Forza Italia, fortemente sostenuta da Alleanza nazionale, avrebbe voluto significativi in direzione di un semipresidenzialismo e che i popolari tradizionalmente contrari a ogni personalizzazione della politica respingevano nel timore che si traducesse in «una deriva plebiscitaria».

Anche sul tema della riforma della giustizia le posizioni erano divergenti, specie in materia di separazione delle carriere tra pubblici ministeri e giudici voluta da Forza Italia, ma non da Alleanza nazionale e dal Ccd, mentre i partiti dell'Ulivo non andavano al di là della separazione delle funzioni. Progressi venivano fatti solo sul progetto di riforma dello stato in senso federalista, anche grazie alle misure prese dal ministro della Funzione pubblica e Affari regionali Franco Bassanini che, grazie a un'opera di decentramento amministrativo, preparavano la transizione a un federalismo moderato. Un altro tema che veniva affrontato era quello inevitabile di una riforma della legge elettorale, con un accordo trovato nel corso di una riunione conviviale in casa di Gianni Letta, il più stretto consigliere di Berlusconi, che per essere stato raggiunto al momento del dessert riceverà l'appellativo di «patto della crostata». Esso prevedeva una serie di interventi sulla legge elettorale vigente, quella del «Mattarellum», e la sua riforma in una legge elettorale a doppio turno di coalizione. Ma l'accordo non avrebbe tenuto che per qualche mese. In febbraio Berlusconi cambiava improvvisamente posizione proponendo una riforma che prevedeva una specie di cancellierato per l'esecutivo e soprattutto una legge elettorale proporzionale. In quanto alla riforma della magistratura il cavaliere si proponeva di farla lui, appena fosse ritornato a palazzo Chigi.

Decaduta la Bicamerale, ulteriori tentativi per cambiare il «Mattarellum», e in particolare per abolire il 25% di proporzionale, venivano affidati a un referendum, grazie alle iniziative di un largo movimento civico di cui facevano parte Mario Segni, Antonio di Pietro, Achille Occhetto, professori e uomini di finanza e di industria; tutti si impegnarono nella raccolta delle firme che si concluse rapidamente con un successo al di là delle speranze dei promotori. Ma il 18 aprile 1999, data fissata per il referendum, la mancanza del *quorum* per meno di duecentomila voti bloccherà anche questa iniziativa.

In conclusione anche il terzo tentativo di dare al paese una serie di riforme istituzionali equivalenti a una nuova Costituzione che avrebbe segnato la fine della transizione e il passaggio alla seconda Repubblica falliva e veniva rinviato *sine die*.


## Bertinotti affonda il governo

Già a metà del 1998 il governo di Prodi stava volgendo al termine, indebolito dall'ostilità dell'Udr e dalle divisioni all'interno di Rifondazione comunista, il suo maggior alleato. Esattamente un anno dopo la rottura provocata da Bertinotti e fortunosamente rientrata, si ripresenta una situazione analoga. Anche questa volta la crisi si apre su di una finanziaria, quella per il 1999, molto più leggera di quelle precedenti, appena 14.700 miliardi. Non è più in gioco l'ingresso nell'euro (nel marzo precedente l'Italia è stata ammessa tra gli undici paesi che, a partire dal gennaio 1999, adotteranno la moneta unica), ma il conflitto si manifesta all'interno di Rifondazione tra la maggioranza di Bertinotti, che considera esaurita l'alleanza con l'Ulivo, e la minoranza di Armando Cossutta e Oliviero Diliberto, secondo i quali la fine del governo Prodi sposterebbe l'asse politico a destra verso una soluzione reazionaria e, pertanto, converrebbe mantenere in vita l'esecutivo. La situazione è complicata dalle posizioni assunte dall'Udr, disposta a votare la legge di bilancio, ma non la fiducia al governo se fosse posta. Sarà comunque Rifondazione a decretare la fine del secondo governo Prodi. Il 1° ottobre Bertinotti dichiara che la finanziaria non è emendabile e tre giorni dopo il comitato politico di Rifondazione approva la linea del segretario, grazie anche ai voti della minoranza trockista di Livio Maitan. Il 7 ottobre il governo si presenta alla Camera per chiedere la fiducia. Il gruppo parlamentare di Rifondazione si divide: la sua maggioranza, con il capogruppo Diliberto, dichiara di votare a favore del governo dando luogo a una scissione da cui nasce il Partito dei comunisti italiani. Ma i suoi voti non bastano a salvare il governo Prodi, che è messo in minoranza per un solo voto, 312 contro 313.

Contro il governo ha votato anche l'Udr. La situazione internazionale è in evoluzione. Segni di guerra, quella per il Kosovo, si stanno moltiplicando di giorno in giorno, e ciò richiede una diversa guida per il governo del paese destinato a esercitare un ruolo di punta nel conflitto. Cossiga, che ha sempre avuto una particolare sensibilità per quanto avviene a livello internazionale, ha il candidato adatto: Massimo D'Alema.

Un reincarico affidato dal presidente Scalfaro a Prodi dopo rapide consultazioni si scontra con l'opposizione, prima condizionata, poi aperta, di Cossiga e dell'Udr.

A questo punto Prodi si ritira con amarezza e con risentimento non celato verso il proprio partito da cui non si è sentito sostenuto nel confronto con Cossiga. Avvicinandosi le elezioni europee minaccerà di costituire una sua lista di candidati insieme all'Italia dei valori, il partito creato da Di Pietro il 21 marzo 1998, e al movimento dei sindaci di Centocittà. Poi la polemica rientra e la designazione di Prodi alla presidenza della Commissione europea apre una parentesi nell'esperienza politica del professore bolognese che, tuttavia, da Bruxelles continuerà a seguire la politica italiana molto da vicino.

Intanto, si avvicinano alcune importanti scadenze, tali da far temere «un ingorgo istituzionale»: l'elezione del presidente della Repubblica, il referendum sulla legge elettorale del 18 aprile e le elezioni per il Parlamento europeo.

Il nuovo presidente della Repubblica, Carlo Azeglio Ciampi, viene eletto il 13 maggio al primo scrutinio con 707 voti su 1010, provenienti sia dal centrodestra che dal centrosinistra. La scelta di Ciampi riconosce il contributo da lui dato al paese come ministro del Tesoro e presidente del Consiglio, e gli viene assegnato il compito di pacificatore dopo il ruolo attivo ma controverso esercitato da Scalfaro durante tutto il suo mandato. L'elezione di Ciampi ha anche altri obiettivi: quello di rassicurare il paese, che al momento della sua elezione si trova in guerra con la Nato contro la Serbia, e quello di creare un clima distensivo all'interno del mondo della politica, preoccupato da una successione di tentativi falliti di riformare le istituzioni.

# CAPITOLO QUARTO

# IL DECLINO DEL CENTROSINISTRA

*La guerra per il Kosovo*

Durante tutti gli anni Novanta l'area balcanica era stata investita da una diffusa conflittualità che l'aveva tenuta in una condizione di continua emergenza. La disintegrazione della Federazione jugoslava, così come l'avevano costruita Tito e il Partito comunista dopo la Seconda guerra mondiale, riaccendeva le vecchie rivalità etniche e territoriali che tradizionalmente avevano fatto dei Balcani la zona più instabile dell'Europa. Tito era riuscito a controllarle ma non a eliminarle. Dieci anni dopo la sua morte (maggio 1981), sotto la spinta delle riemergenti tensioni nazionaliste, liberate dalla fine della guerra fredda, si scatenava una serie di feroci conflitti che nell'arco di qualche anno avrebbero dato un nuovo assetto alla regione.

Slovenia e Croazia furono le prime a dissociarsi dalla Federazione jugoslava, dando inizio a guerre regionali che si svolsero secondo linee etniche a modificare confini e a recuperare territori: prima un breve scontro tra serbi e sloveni, poi uno molto più aspro e prolungato tra serbi e croati, che nel 1991 si allargò alla Bosnia-Erzegovina, regione a maggioranza mussulmana ma con una forte minoranza serba. La guerra, che ebbe dei momenti di inaudita violenza e crudeltà, tra i quali l'assedio di Sarajevo da parte dei serbi bosniaci, durato ben quattro anni, e il massacro di ottomila mussulmani a Srebrenica di cui fu responsabile il generale serbo-bosniaco Ratko Mladić, si concluse con l'intervento dell'aviazione americana contro le posizioni serbo-bosniache che costrinse i belligeranti ormai allo stremo delle risorse economiche e umane ad accettare la mediazione americana. A Dayton, una cittadina dell'Ohio, dove i leader dei paesi in conflitto erano stati convocati da Richard Holbrooke, un alto funzionario del Dipartimento di stato, il 21 novembre 1995 venne raggiunto l'accordo che poneva fine alla guerra. I croati ricevevano la Slovenia orientale, abitata da popolazioni in maggioranza croate, e veniva tolto l'embargo precedentemente imposto alla Serbia, dove il dittatore Milošević aveva ormai abbandonato i programmi di espansione territoriale (la Grande Serbia). La Bosnia conservava nominalmente l'unità con un governo centrale e una capitale a Sarajevo, ma veniva suddivisa in due entità: la Federazione croato-musulmana con il 51% del territorio e la Repubblica serbo-croata (Srpska) con il 49%. Alla forza Nato che si insediava sul territorio bosniaco a garanzia del rispetto degli accordi contribuiva anche l'Italia. Nel novembre del 1995 il Consiglio dei ministri approvava l'invio di alcune unità italiane in Bosnia nel quadro della missione Nato.

Chiusa la questione del conflitto jugoslavo si apriva un nuovo focolaio di crisi nel Kosovo, provincia serba, dove da sempre era forte un movimento indipendentista sostenuto dalla popolazione locale, per il 90% di etnia albanese.

Il movimento indipendentista agiva a due livelli: sul piano politico con la leadership di Ibrahim Rugova, che nel 1990 aveva proclamato la Repubblica e nel 2000 ne sarebbe diventato il presidente; sul piano militare con le azioni di guerriglia e di terrorismo condotte dall'esercito di liberazione del Kosovo (Uck) principalmente contro la minoranza serba, che tuttavia, per la sua difesa, poteva contare sull'intervento dell'esercito e della polizia di Belgrado. Le opposte azioni dei partigiani kosovari e delle forze serbe, che creavano vittime da ambedue le parti e instabilità in tutta l'area, provocarono l'intervento delle organizzazioni internazionali e in prima linea quello degli Stati Uniti. L'«esportazione» della democrazia stava diventando parte significativa della diplomazia americana e l'amministrazione Clinton dal 1994, sotto l'influenza della maggioranza repubblicana al Congresso, perseguiva una politica chiaramente interventista. Più cauti i membri europei dell'alleanza, che temevano che la soddisfazione delle aspirazioni kosovare avrebbe potuto incoraggiare altri movimenti secessionisti esistenti nei paesi europei (Spagna e Italia *in primis*). Un tentativo fatto con la conferenza di Rambouillet (ottobre 1998) di raggiungere un accordo con il governo serbo sul ritiro delle truppe dal Kosovo falliva, anche per l'intransigenza del segretario di Stato americano, Madeleine Albright, che con i kosovari si era impegnata per un referendum popolare che avrebbe sicuramente deciso l'indipendenza della regione. Con la conferenza di Rambouillet si apriva la prospettiva di un'azione militare contro Belgrado, determinata a conservare il Kosovo nello stato serbo. Ancora una volta era alla Nato che veniva affidato il compito di intervenire. Come membro dell'organizzazione, e per la presenza sul suo territorio delle basi di Aviano e di Ghedi da cui sarebbe partita l'offensiva aerea che secondo le gerarchie militari poteva essere sufficiente a piegare Belgrado, l'Italia era chiamata a sostenere una parte importante nel conflitto. Era per questo che nell'ottobre del 1998, quando l'operazione militare sembrava già senza alternative, era stato chiamato a guidare il governo Massimo D'Alema. Ex membro del Pci e leader del maggior partito della sinistra, dava le migliori garanzie di poter gestire la complessa vicenda e di poter contenere le probabili proteste pacifiste ispirate dall'estrema sinistra. Quella per il Kosovo era la prima guerra che l'Italia si trovava a combattere dopo il secondo conflitto mondiale, per di più contro un paese con il quale aveva tradizionali rapporti di amicizia, e nonostante l'articolo 11 della Costituzione che proibiva il ricorso alla forza nelle controversie internazionali.

Sull'opportunità dell'intervento italiano non mancarono pertanto perplessità, di cui si rese interprete persino il presidente della Repubblica, Carlo Azeglio Ciampi. Tuttavia prevalsero i legami e gli obblighi dell'Alleanza atlantica. All'offensiva aerea contro la Serbia l'aviazione italiana parteciperà ufficialmente solo con missioni di ricognizione e di scorta agli aerei dell'alleanza, in prevalenza americani; ma secondo alcune fonti essa invece prenderà parte attiva in azioni di bombardamento, prima contro le unità dell'esercito serbo, più tardi, con l'intensificarsi dell'offensiva, anche su obiettivi civili nel territorio e nelle città serbe.

In realtà tutta la vicenda fu caratterizzata da un'ambiguità diffusa. Alcuni mesi prima dell'attacco, iniziato il 24 marzo, il ministro degli Esteri Dini aveva escluso un intervento della Nato in Kosovo, senza un mandato delle Nazioni unite. Il mandato non ci fu, ma la partecipazione italiana ebbe ugualmente luogo, nel rispetto degli impegni Nato. Una parte dell'opinione pubblica reagì alle decisioni del governo con distacco, ma non mancarono le proteste da sinistra. Manifestazioni contro la Nato e il governo si svolsero a Roma, dove la folla dei dimostranti tentò l'assalto alla sede di via delle Botteghe oscure, simbolo un po' sbiadito di un Pci di altri tempi. La quasi contemporanea decisione dei giudici americani di assolvere i piloti responsabili dell'incidente del Cermis, dove nel febbraio 1998 un aereo americano, volando troppo basso, aveva tranciato i cavi di una funivia provocando la morte di venti persone, non giovava ai rapporti con gli Stati Uniti, e non mancarono voci in Parlamento che chiesero la revisione dei trattati che regolano l'uso delle basi militari alleate in Italia.

Il governo alternò il sostegno alle azioni belliche con prese di posizione più flessibili e possibiliste, e già dopo il primo giorno di bombardamenti il presidente del Consiglio D'Alema ne chiese la sospensione suscitando le perplessità degli alleati. La mossa di D'Alema era chiaramente strumentale e a uso interno, diretta a quella sinistra estrema che condannava l'intervento ma che, nonostante le minacce, avrebbe continuato ad appoggiare il governo.

Durante tutte le dieci settimane degli attacchi, la scelta degli obiettivi da colpire venne fatta giorno per giorno al quartier generale della Nato, nel corso di riunioni in cui le preoccupazioni politiche dei rappresentanti europei si scontravano con le convinzioni strategiche degli americani che dirigevano le azioni aeree.

Dopo undici settimane di bombardamenti sulle città, sulle installazioni industriali e sugli edifici pubblici (a Belgrado fu colpita la sede dell'ambasciata cinese), il governo serbo chiedeva la sospensione degli attacchi e ritirava le proprie truppe dal Kosovo, che veniva diviso in cinque zone di occupazione affidate a Stati Uniti, Italia, Francia, Gran Bretagna e Germania e a un contingente di truppe russe alle quali, tuttavia, non veniva assegnata una zona di occupazione.

Più tardi il Kosovo passava sotto l'amministrazione dell'Onu e successivamente della UE, mentre nell'arco di alcuni anni, pur tra le perduranti tensioni tra gli albanesi e la minoranza serba, il paese veniva avviato all'indipendenza piena, raggiunta nel 2006 grazie al sostegno americano e nonostante le riserve di alcuni governi europei che non giudicavano matura la classe dirigente che aveva gestito il potere, specie dopo la morte di Rugova (2004).

In Italia il capitolo Kosovo veniva archiviato, con qualche dichiarazione di troppo. Il ministro della Difesa, Scognamiglio, arrivava a sostenere che era stata soprattutto l'Italia a vincere il conflitto perché «più degli altri ne aveva sostenuto il peso». Mentre D'Alema, nel corso di una intervista alla «Repubblica», confessava: «Il mio grande problema era il rapporto con gli Stati Uniti e il loro giudizio». In effetti, la guerra del Kosovo aveva costituito un test per il leader ex comunista. Per riconoscimento generale, il presidente del Consiglio aveva gestito il difficile episodio con abilità ed equilibrio. Le critiche alla posizione e all'azione degli americani, che pure ci furono durante quei mesi, furono lasciate al ministro degli Esteri Dini, le cui credenziali filoatlantiche e filoamericane erano al di sopra di ogni sospetto. Così con un'abile divisione di compiti l'Italia usciva con dignità, e guadagnandosi i riconoscimenti degli alleati, dalle strette di una guerra che non avrebbe voluto combattere. Un ulteriore elemento positivo di quella esperienza fu la sostanziale adesione alla politica del governo da parte dell'opposizione di centrodestra. Si confermava, pertanto, quella tendenza alla *bipartisanship* in materia di politica estera che si era timidamente preannunciata negli anni precedenti (guerra del Golfo) e che si andrà rafforzando negli anni successivi in rapporto ai crescenti impegni militari che i governi futuri decideranno di assumere.

*Berlusconi vuole anticipare le elezioni*

Chiuso l'episodio Kosovo, il mondo politico si accingeva ad affrontare le elezioni per il Parlamento europeo del 13 giugno 1999 che avrebbero confermato il cambiamento di clima in atto. Le perdite subite dai partiti della maggioranza, con il 17,4% per i Democratici di sinistra (DS), la nuova denominazione dell'ex Partito comunista dopo l'abbandono di quella di Pds, e il 7,7% per i Democratici di Prodi, un risultato inferiore a quello dei radicali di Pannella, che grazie alla popolarità di Emma Bonino raggiungevano un eccezionale 8,5%, ma decisamente superiore a quello del Pp (4,2%), e sull'altro versante il buon successo di Forza Italia, che riportava il 25,2% affermandosi come il maggior partito in assoluto, indebolivano il governo, la cui curva discendente continuava nella seconda parte dell'anno con la ripresa delle polemiche all'interno del centrosinistra tra D'Alema e i prodiani, guidati da Arturo Parisi, eletto alle elezioni suppletive nel collegio 12 di Bologna, quello che era stato di Prodi. Inoltre, alle elezioni amministrative parziali che si svolsero il 13 giugno in contemporanea con quelle per il Parlamento europeo, Forza Italia replicava, anche se in minor misura, il risultato delle europee, vincendo la maggioranza dei ballottaggi, a Padova, ad Arezzo, alla provincia di Milano, ma soprattutto a Bologna, dove per la prima volta dal dopoguerra veniva eletto un sindaco non di sinistra, Giorgio Guazzaloca, un indipendente appoggiato dal Polo.

Facendosi forte di quei risultati, Berlusconi chiedeva insistentemente le dimissioni del governo D'Alema, definendolo abusivo; le chiedeva anche Cossiga, che in origine era stato uno dei suoi principali sostenitori. L'ex presidente della Repubblica, uscito dall'Udr, non aveva abbandonato il suo disegno per una aggregazione di forze politiche centriste e, con la promozione di un nuovo soggetto politico, l'Unione per la Repubblica, in alleanza con il Partito repubblicano e i socialdemocratici (il cosiddetto Trifoglio), tentava di costituirne le condizioni. D'Alema, approvata la finanziaria il 18 dicembre, dava le dimissioni, ma già il 20 riceveva il tradizionale reincarico e il giorno dopo, con una rapidità insolita nella storia dei governi italiani, formava un D'Alema *bis* con DS, Democratici, Partito popolare, Rinnovamento italiano, Verdi, Partito dei comunisti italiani e Udeur, nato nel 1999 per iniziativa di Clemente Mastella. L'obiettivo di D'Alema era di arrivare alla fine naturale della legislatura e la coalizione, alquanto eterogenea, che lo sosteneva comprendeva deputati e senatori che miravano allo stesso obiettivo temendo le elezioni anticipate e la difficoltà della rielezione. Non mancarono neppure i sospetti di una compravendita di voti a sostegno del governo, fenomeno destinato ad accentuarsi negli anni successivi.

Le fibrillazioni del governo continuarono nei primi mesi del 2000, nonostante la buona tenuta dei conti, che il ministro del Tesoro Amato giudicava significativamente migliorati rispetto al passato: «Mai il deficit italiano è stato così basso negli ultimi venti anni». In effetti il deficit di bilancio era all'1,5% e il debito nazionale era sceso al 106% del Pil. Lo confermavano l'euforia della borsa e la buona crescita del Pil che aveva raggiunto il 2,1%. Nel primo anno di nascita dell'euro, dopo un avvio altalenante, anche la moneta unica si consolidava e si stabilizzava attorno alla parità con il dollaro (per poi scendere prima di cominciare la risalita a partire dal 2003). Inoltre il governo D'Alema, grazie anche all'impegno del suo ministro dell'Industria, Pier Luigi Bersani, aveva attuato una serie di liberalizzazioni nel settore elettrico rompendo il quasi monopolio dell'Enel e affidando la rete di trasmissione dell'elettricità a una azienda di nuova formazione: la Terna. Altre privatizzazioni venivano compiute nel settore dei trasporti; di particolare importanza per il suo significato sociale era il completamento della riforma del servizio sanitario, iniziato dal governo precedente con la riforma Bindi.

In conclusione, in materia di politica estera e di politica economica, il governo D'Alema aveva dimostrato capacità di gestione e fantasia, e pertanto il cosiddetto «sdoganamento» della classe dirigente ex comunista aveva luogo sia a livello internazionale che interno. Il 6 gennaio 1999 D'Alema veniva ricevuto in Vaticano da Giovanni Paolo II. Era la prima volta di un presidente del Consiglio postcomunista; anche il mondo economico mostrava di approvarne la condotta, ma il maggior pericolo per la continuità del governo veniva dall'assedio dell'opposizione, che si faceva sempre più incalzante, e dalle difficoltà interne alla coalizione e al partito. Queste ultime si manifestarono in occasione del congresso dei DS, tenutosi a Torino a gennaio del 2000, nel corso del quale si evidenziarono i dissensi e la rivalità tra D'Alema, presidente del Consiglio ma sempre con un forte controllo sull'apparato del partito, e Walter Veltroni, promosso alla segreteria dall'ottobre del 1998 su indicazione dello stesso D'Alema. L'obiettivo di Veltroni era la costruzione di un partito che si aprisse alla società, rompesse la dipendenza dall'apparato e abbandonasse ogni legame ideologico e organizzativo con la tradizione eurocomunista: in sostanza un partito socialdemocratico secondo il modello europeo. Un nuovo passo avanti verso quell'obiettivo era stato fatto nel febbraio 1998 con gli stati generali della sinistra e la realizzazione della «Cosa 2» che D'Alema era venuto preparando da tempo; il Pds diventava DS (Democratici di sinistra), grazie anche all'adesione di una serie di formazioni minori (i laburisti di Valdo Spini, i comunisti unitari di Famiano Crucianelli, i cristiano-sociali di Pierre Carniti, la Sinistra repubblicana di Giorgio Bogi e altre). I DS aderivano al Partito del socialismo europeo e all'Internazionale socialista.

A Torino D'Alema riportò un successo personale, ma l'obiettivo principale del congresso, quello di una ridefinizione del profilo politico e ideologico del partito e del suo «distacco dall'identità postcomunista», sostenuto con particolare calore dalla minoranza veltroniana, veniva sostanzialmente eluso, e non sarebbe stato raggiunto neppure con il dibattito sviluppatosi all'assemblea congressuale del dicembre 2000, che avrebbe segnato il ritorno di D'Alema al partito e preannunciato la candidatura di Veltroni a sindaco di Roma. L'alternanza alle cariche del partito continuava a svolgersi secondo procedure informali che impedivano il ricambio ai vertici destinando una intera generazione politica al ruolo di fiancheggiatrice e rendendo la cooptazione il modo prevalente dell'accesso alle cariche, mentre lo scontro tra i due leader che si riaccenderà di quando in quando finirà per ostacolare ogni cambiamento.

Al congresso di Torino D'Alema aveva concluso il suo applauditissimo discorso impegnandosi di fronte ai delegati a lasciare il governo: «Quando verrà il momento di farmi da parte, voi me lo farete capire e io cercherò di capirlo un minuto prima».

Quel segnale non sarebbe arrivato a D'Alema dal partito ma dalle elezioni regionali di aprile, in conseguenza della sconfitta dei partiti del centrosinistra. La coalizione perdeva la Liguria, la Calabria, il Lazio e l'Abruzzo. Quelle elezioni segnavano il ritorno in forze di Silvio Berlusconi e ne preannunciavano la vittoria alle politiche del 2001. L'errore di D'Alema, che darà le dimissioni subito dopo il risultato elettorale «per un atto di sensibilità politica e non certo per dovere istituzionale», era stato quello di impostare la campagna elettorale come scontro politico d'importanza nazionale. Ed è sul piano nazionale che si svolse la campagna elettorale di Berlusconi, che circumnavigò la penisola con una nave affittata allo scopo, fermandosi nelle zone elettoralmente più sensibili, un metodo di propaganda elettorale mai usato prima e che ebbe grande effetto mediatico e pubblicitario. Grazie alla vittoria in queste elezioni il centrodestra arrivava a governare alcune tra le più importanti regioni del paese, con una popolazione di 32 milioni di abitanti contro i 16 milioni di quelle amministrate dal centrosinistra. Sulla spinta di quel successo Berlusconi chiederà le elezioni politiche subito, ma il presidente della Repubblica, Ciampi, le negherà desiderando di portare la legislatura alla sua conclusione naturale.

Il governo di Giuliano Amato, che succedeva a quello di D'Alema, restando in carica per poco più di un anno (25 aprile 2000-11 giugno 2001), nascerà e opererà con la sindrome di una sconfitta se non sicura certamente molto probabile, e ciò renderà particolarmente tormentata la vita della coalizione di centrosinistra e i rapporti tra il suo gruppo dirigente e il premier.

*Il governo Amato II*

Amato riceve il mandato il 20 aprile e il 25 ha già pronto il governo, nonostante i contrasti con i Democratici prodiani che lamentano di essere stati discriminati nella distribuzione degli incarichi. Nel governo ci sono «i soliti noti», ma anche qualche faccia nuova: Umberto Veronesi alla Sanità, Tullio De Mauro alla Pubblica istruzione, Cesare Salvi al Lavoro, Nerio Nesi ai Lavori pubblici. In tutto 24 ministri e 56 sottosegretari. Alla fiducia Amato riceve 319 sì e 295 no, una maggioranza più consistente di quella prevista.

Tutto è avvenuto con molta rapidità, segno dei cambiamenti che stavano maturando nel sistema politico. I partiti, pur all'interno delle coalizioni, sono ancora molti, ma la loro voce non è più decisiva perché gli organi direttivi hanno perso peso e potere; pertanto le trattative sono sempre più dirette tra il presidente del Consiglio e i vertici dei partiti ridotti a pochi esponenti; inoltre le correnti, quando ci sono, tendono anch'esse a rimanere sullo sfondo, e non hanno più l'influenza di un tempo. La personalizzazione della politica è sempre più accentuata e i meccanismi della partitocrazia stanno cambiando naturalmente, al di là delle riforme istituzionali che non si riescono a varare.

Amato si occuperà soprattutto di continuare l'opera di risanamento economico e finanziario, iniziata con il suo primo governo e continuata da Dini e Prodi. L'industria manifatturiera sta attraversando un periodo ancora favorevole; il fatturato cresce del 21,2% e gli ordini del 16%, la crescita procede al 3% del Pil e a luglio si scopre che c'è un surplus di 19 mila miliardi nei conti dello stato, grazie all'aumento della raccolta fiscale e alle entrate per la vendita delle aziende ex Iri. La disoccupazione è al livello più basso da dieci anni ma un giovane su tre non ha lavoro.

Piero Fassino, ministro della Giustizia, formula un piano di assunzioni e di investimento per risolvere il problema delle carceri che stanno scoppiando, preannunciando un'estate turbolenta. De Mauro prepara una limitata riforma della scuola con meno nozionismo, più attenzione alle lingue e alle scienze e l'assunzione dei docenti solo per concorso in risposta allo scandalo di quelli truccati; ma la riforma incontra la protesta dei docenti che lamentano l'esiguità degli stipendi. Il 21 maggio si tengono i referendum popolari voluti dai radicali. Originariamente erano venti, ridotti poi a sette dalla Corte costituzionale: sui finanziamenti ai partiti, che dopo il referendum del

1993 che li aveva aboliti avevano ripreso a crescere in modo obliquo attraverso i cosiddetti rimborsi spese; sui poteri del Csm; sulla separazione delle carriere dei magistrati; sui loro incarichi extragiudiziali; sull'articolo 18 dello statuto dei lavoratori, relativo ai licenziamenti; sulle trattenute nelle buste paga a favore dei sindacati; sulla quota proporzionale della legge elettorale, che si propone di abolire.

La percentuale dei votanti ai referendum arriva appena al 32,8%, il *quorum* non viene raggiunto su nessuno dei quesiti e ciò infligge un colpo quasi mortale allo strumento del referendum; inoltre, da ora in poi, i governi che non hanno interesse a sostenerli li programmeranno in date scomode, quando gli elettori preferiscono andare al mare o fare altro.

Per i referendum del 21 maggio si sono battuti solo i radicali e pochi altri; la coalizione di centrosinistra li ha appoggiati tiepidamente per non irritare i sindacati, contrari sia alla modifica dell'articolo 18 che all'abolizione degli automatismi per le trattenute sindacali. Berlusconi ha consigliato al suo elettorato di astenersi promettendo di fare le riforme previste dai referendum, in particolare quella sulla magistratura, appena tornato al governo.

Il governo Amato si trova presto in difficoltà con i partiti della sua maggioranza che si stanno preparando alle elezioni del 2001. Amato si propone come leader della coalizione che dovrà affrontare la consultazione, ma gli manca un partito che lo sostenga, e il suo antico rapporto con Craxi (in esilio ad Hammamet, in Tunisia, dove morirà nel gennaio 2000) non lo aiuta. All'interno dell'Ulivo sta nascendo la stella di Francesco Rutelli, ex ministro nel governo Ciampi e sindaco di Roma dal 1993, ormai alla fine del secondo mandato. Il processo di formazione di un nuovo soggetto politico, la Margherita, che riunisce Partito popolare, Udeur, Rinnovamento italiano e i Democratici, e ha in Rutelli il proprio leader, indurrà Amato a rinunciare alla leadership dell'Ulivo e ad appoggiare quella di Rutelli. Ad Amato resteranno la soddisfazione e i riconoscimenti, anche quelli di Confindustria, per una delle politiche economiche più efficaci del dopo prima Repubblica.

Grazie anche a una raccolta fiscale promossa con determinazione dal ministro Visco, Amato mette a punto una finanziaria «che dà e non toglie», a vantaggio sia delle fasce di contribuenti a reddito medio-basso che delle imprese. Vengono aboliti l'Irpef sulla prima casa e il ticket su alcune ricette mediche e vengono introdotti una serie di crediti di imposta su attività di ricerca e di formazione dirette a favorire l'occupazione giovanile; nel complesso la pressione fiscale diminuisce di mezzo punto.

Ma la legge finanziaria virtuosa viene modificata in negativo per l'«assalto alla diligenza», quell'offensiva da parte delle *lobbies* e degli interessi particolari che si scatena negli ultimi giorni prima del varo della legge. Dai 76 articoli originali, la finanziaria si gonfierà fino a comprenderne 158, in seguito agli stanziamenti dell'ultima ora, «le mance» particolarmente cospicue in un anno precedente la consultazione elettorale.

La campagna elettorale si apre con un attacco alquanto violento a Berlusconi, che parte da D'Alema, secondo cui il cavaliere sarebbe ineleggibile per conflitto d'interessi. È il preludio alla presentazione di una legge sul conflitto d'interessi della quale anche il presidente Ciampi riconosce l'utilità.

La legge impone a Berlusconi di vendere le sue aziende o di affidarle a una gestione indipendente. Il Senato approva la legge, ma la Camera non farà in tempo a discuterla. È la premessa di uno dei principali temi di scontro durante gli anni del secondo governo Berlusconi, ma già nel corso della campagna elettorale la questione diventa oggetto di dibattito e perfino l'«Economist» attaccherà duramente il cavaliere, per aver ignorato uno degli obblighi naturali di un governante democratico nel momento della sua assunzione del governo del paese.

# CAPITOLO QUINTO

# IL CAVALIERE TORNA A PALAZZO CHIGI

## Il secondo governo Berlusconi

Dopo la rapida e abortita esperienza del primo governo Berlusconi, qualche osservatore aveva previsto il ritiro del leader e la conclusione dell'esperimento; o in ogni caso che Berlusconi, una volta rieletto, sarebbe stato indotto a ritornare alle pratiche della prima Repubblica, con la formazione di maggioranze di governo costruite in base al gioco dei gruppi parlamentari.

Invece, durante gli anni successivi al '94, Berlusconi manterrà alte le aspettative dei suoi sostenitori e del suo elettorato di un ritorno al potere e di un rilancio delle riforme che avrebbero dovuto trasformare il modo di far politica; anzi, il cavaliere approfitterà dell'attesa forzata per consolidare il suo ruolo di leader all'interno di Forza Italia nei confronti dei potenziali alleati: sia Alleanza nazionale, di cui riesce a contenere le ambizioni di primato, sia la Lega, quasi costretta per le proprie insufficienze sul piano della politica nazionale a ritornare all'alleanza con Forza Italia.

Ma il più significativo successo di Berlusconi è quello di essere riuscito ad accreditare la destra e i partiti che a essa facevano riferimento come elemento primario e dinamico del sistema politico italiano. Le forze della destra erano sempre state isolate e per certi aspetti demonizzate sia sul piano politico sia su quello culturale negli anni della prima Repubblica, fino al punto di venire identificate come residui del fascismo. Merito di Berlusconi è di aver dato loro una nuova legittimazione, e di averle fatte accettare a vaste aree dell'elettorato. Pur senza riuscire a creare le condizioni per la rivoluzione culturale promessa, Berlusconi porterà i partiti della sua coalizione a identificarsi in una nuova concezione della politica e del suo funzionamento, diversa e opposta rispetto a quella dominante durante gli anni della prima Repubblica, dove le basi ideologiche della democrazia erano il prodotto dell'antifascismo resistenziale fondato sulla prevalenza di una concezione della politica e della cultura fortemente ispirati ai valori di cui erano portatori la sinistra e una parte del mondo cattolico. Le persistenti accuse di comunismo dirette da Berlusconi ai partiti del centrosinistra, e in particolare ai DS, più che a mettere in evidenza un pericolo reale, erano in realtà finalizzate a creare una contrapposizione tra i valori della prima e della seconda Repubblica e ad accreditare quelli della destra. Va aggiunto, tuttavia, che all'interno dello schieramento berlusconiano, su una visione autenticamente liberale, prevarrà quella di un populismo che pragmaticamente si piegherà alle circostanze politiche, ma soprattutto alle esigenze della situazione economica che il secondo governo Berlusconi dovrà affrontare con misure contingenti, con la conseguenza di allontanare dal partito quei personaggi come Martino, Pera e Urbani, nonché diversi tra i cosiddetti «professori», che si erano schierati con Berlusconi nella speranza di operare una rivoluzione autenticamente liberale.

Se è pur vero che Berlusconi deluderà queste e altre aspettative, va anche aggiunto che la sua seconda esperienza di governo inizia e si dispiega nel corso di un periodo contraddistinto da una serie di crisi economiche, politiche e persino militari che coinvolgono Stati Uniti ed Europa (l'attentato alle Torri gemelle dell'11 settembre, la guerra in Afghanistan e quella in Iraq) e dalle avvisaglie della grande crisi finanziaria destinata a esplodere nel 2007. In particolare, sul piano nazionale gli anni del secondo governo Berlusconi coincidono con la conferma di una condizione di declino economico e culturale del paese, che aveva avuto una prima manifestazione con la crisi del 1992, mai definitivamente risolta, e più ancora con quella dell'accumulazione del debito, che ha origine in anni ancora precedenti. Quella crisi, che si esprime con una sensibile caduta della produzione e della competitività del sistema Italia in una fase di accentuata concorrenza di un mondo globalizzato, costringerà Berlusconi a rivedere i suoi programmi e a rinviare una serie di progetti riformistici sui quali il leader del Polo delle Libertà aveva costruito le sue campagne elettorali. D'altra parte resta valida la critica dei suoi avversari politici e dei suoi detrattori che gli rimproverano di non essere riuscito a risolvere i problemi di una crescita economica asfittica né a invertire il trend recessivo dell'economia italiana che pur era uno degli obiettivi che si era proposto e per il quale aveva chiesto al paese fiducia e consenso. I migliori risultati ottenuti negli stessi anni da altri paesi europei, come la Spagna e la Francia e, dopo le riforme di Schröder, la Germania, costituivano la controprova delle insufficienze della politica italiana.

Alla congiuntura economica sfavorevole vanno aggiunti quali elementi di ritardo delle riforme e, più in generale, dell'azione di governo i problemi personali del leader di Forza Italia, e in particolare quelli con la giustizia che costringeranno Berlusconi, nonché i collaboratori a lui più vicini, a dedicare gran parte del proprio tempo e delle energie alla difesa negli innumerevoli processi in cui il premier verrà coinvolto durante il suo secondo mandato. Berlusconi risponderà con una serie di azioni, in parte difensive e in parte offensive, alle accuse rivoltegli da una magistratura a sua volta divisa tra gli obblighi della propria professionalità, l'autodifesa nei confronti delle azioni riformistiche minacciate da Berlusconi e le posizioni di una minoranza che agiva per il raggiungimento di obiettivi politici, fino a provocare una vera e propria guerra intestina tra uomini e istituzioni in cui inevitabilmente verrà coinvolto tutto il paese. Ne risulterà un clima di forti contrasti tra maggioranza e opposizione fino a provocare un autentico stallo nella vita della nazione e, conseguentemente, drammatici ritardi nell'affrontare i difficili problemi interni e internazionali che si presenteranno in quegli anni.

## Le elezioni del 13 maggio 2001

La campagna elettorale della primavera del 2001 porta il segno di Berlusconi. Il dinamismo, la fantasia e la ricchezza di mezzi con i quali viene condotta dal centrode-

TAB. 5.1. *Elezioni del 13 maggio 2001, Senato*

| Partiti e coalizioni | 2001 | 1996 |
|---|---|---|
| Ulivo | 38,7 | 41,2 |
| Svp Ulivo | 0,5 | - |
| Svp | 0,4 | - |
| Altri (Svp) | - | 0,5 |
| Totale centrosinistra | 39,6 | 41,7 |
| Lista Di Pietro | 5,0 | 2,9 |
| Rifondazione comunista | 3,4 | - |
| Totale centrosinistra+Lista Di Pietro+RC | 48,0 | 44,6 |
| Casa delle libertà | 42,5 | - |
| Polo per le libertà | - | 37,3 |
| Lega Nord | - | 10,4 |
| Totale centrodestra | 42,5 | 47,7 |
| Lista Bonino | 2,0 | - |
| Pannella Sgarbi | - | 1,6 |
| Democrazia europea | 3,2 | - |
| Ms Fiamma tricolore | 1,0 | 2,3 |
| Altri | 3,3 | 2,8 |
| Totale voti validi | 100,0 | 100,0 |

*Fonte*: Ministero dell'Interno, Direzione generale per i servizi elettorali

stra contrastano decisamente con le iniziative incerte e mal dirette della coalizione di centrosinistra, il cui leader Rutelli tuttavia si batterà con impegno e determinazione. Ma la differenza più evidente è lo spirito con cui le due coalizioni la conducono. Quella di centrodestra con la certezza della vittoria, quella di centrosinistra con la premonizione della sconfitta. Il «momento chiave» della campagna elettorale del cavaliere, che, forte del suo vantaggio iniziale, rifiuterà un dibattito televisivo con Rutelli, sarà la serata del suo incontro con gli italiani, organizzata nel quadro di una trasmissione di «Porta a porta», che si rivelerà la migliore promozione del cavaliere. Nel corso della trasmissione Berlusconi illustra il suo programma con abbondanza di dati e di grafici e, a imitazione di quanto aveva fatto la destra americana nel 1994, presenta «il contratto con gli italiani» basato su cinque punti: abbattimento della pressione fiscale, prevenzione del crimine e riduzione dei

TAB. 5.2. *Elezioni del 13 maggio 2001, Camera*

| Partiti e coalizioni | 2001 | 1996 |
|---|---|---|
| Ulivo | 43,2 | 42,1 |
| Progressisti | - | 2,7 |
| Altre | - | 0,5 |
| Svp Ulivo | 0,5 | - |
| Svp | 0,5 | - |
| Totale centrosinistra | 44,2 | 45,3 |
| Lista Di Pietro | 4,0 | - |
| Totale centrosinistra+Lista Di Pietro+Rc | 48,2 | 45,3 |
| Casa delle libertà | 45,4 | |
| Polo per le libertà | - | 40,3 |
| Lega Nord | - | 10,8 |
| Totale centrodestra | 45,4 | 51,1 |
| Lista Bonino | 1,2 | - |
| Pannella Sgarbi | 0,2 | - |
| Democrazia europea | 3,6 | - |
| Liga fronte veneto | 0,5 | - |
| Ms Fiamma tricolore | 0,3 | 1,7 |
| Forza nuova | 0,0 | - |
| Altri | 0,8 | 2,8 |
| Totale voti validi | 100,0 | 100,0 |

*Fonte*: Ministero dell'Interno, Direzione generale per i servizi elettorali

reati, elevamento delle pensioni minime ad almeno un milione, creazione di un milione e mezzo di posti di lavoro, avanzamento di almeno il 40% delle opere pubbliche già programmate. Se alla fine del quinquennio non saranno raggiunti almeno quattro punti sui cinque oggetto del suo programma, Berlusconi si impegna formalmente a non ripresentare la propria candidatura alle successive elezioni.

Il cavaliere si sofferma sui dettagli del programma: una vasta opera di costruzione di infrastrutture, compreso il ponte sospeso tra la costa calabra e quella siciliana che, almeno nella propaganda berlusconiana, dovrebbe diventare il simbolo di un nuovo rinascimento, e le riforme di sempre, quelle della magistratura, della scuola e dell'amministrazione; il tutto senza nuove tasse o meglio «senza mettere le mani nelle tasche degli italiani».

TAB. 5.3. *Elezioni del 13 maggio 2001, Camera (parte proporzionale)*

| Partiti e coalizioni | 2001 | 1996 |
|---|---|---|
| Rifondazione comunista | 5,0 | 8,6 |
| Comunisti italiani | 1,7 | - |
| Girasole (Lista Verdi) | 2,2 | 2,5 |
| DS | 16,6 | 21,1 |
| Margherita (Popolari per Prodi+Lista Dini) | 14,5 | 11,1 |
| Svp | 0,5 | - |
| Totale centrosinistra senza Rc | 35,5 | 34,7 |
| Totale centrosinistra con Rc | 40,5 | 43,3 |
| Italia dei valori | 3,9 | - |
| Totale centrosinistra con Rc e Lista Di Pietro | 44,4 | 43,3 |
| Ccd-Cdu | 3,2 | 5,8 |
| Forza Italia | 29,4 | 20,6 |
| AN | 12,0 | 15,7 |
| Nuovo Psi (socialisti) | 1,0 | - |
| Lega Nord | 3,9 | 10,1 |
| Totale centrodestra senza Lega Nord | 45,6 | 42,1 |
| Totale centrodestra con Lega Nord | 49,5 | 52,2 |
| Democrazia europea | 2,4 | - |
| Lista Bonino | 2,2 | 1,9 |
| Ms Fiamma tricolore | 0,4 | 0,9 |
| Forza Nuova | 0,0 | - |
| Liga Fronte veneto | 0,2 | - |
| Altri | 0,9 | 1,7 |
| Totale voti validi | 100,0 | 100,0 |

*Fonte*: Ministero dell'Interno, Direzione generale per i servizi elettorali

Nei giorni precedenti la consultazione, il contratto con gli italiani rimane al centro del dibattito, con un centrosinistra che lo considera assolutamente irrealistico e il cavaliere che riconferma i suoi programmi annunciando di aver già formulato dodici disegni di legge che saranno approvati dal governo immediatamente dopo la sua costituzione, per poi essere trasmessi al Parlamento per una «sollecita approvazione»; tra di essi, provvedimenti per l'abolizione dello scontrino fiscale e della tassa di successione, per la riforma della scuola e per una vera e propria rivoluzione della tassazione che ridurrebbe al 23% le aliquote per i redditi da 22 a 200 milioni di lire, e al 33% per i redditi superiori ai 200 milioni.

Ciò di cui il programma non parla è il reperimento delle risorse che quelle misure richiederebbero. Rutelli, nel suo comizio di chiusura, parla di un contratto scritto con inchiostro simpatico, ma il centrosinistra rinunzia a contestare sistematicamente le promesse di Berlusconi, quasi a riconoscere l'inutilità di una controffensiva che gli ultimi sondaggi danno perdente in partenza. Un'ulteriore rinuncia del centrosinistra sarà quella di non insistere sulle credenziali di Berlusconi per guidare il paese. D'Alema denuncia la sua ineleggibilità, ma il tema del conflitto di interessi resta periferico nel dibattito elettorale; ormai i giochi sono fatti e alla sinistra verrà rimproverato «di non averci pensato prima».

Lo confermeranno i risultati elettorali (tabb. 5.1, 5.2 e 5.3).

*I risultati*

Dai risultati elettorali usciva netta e senza ambiguità la vittoria della Cdl, sia al Senato sia nelle due votazioni alla Camera, sia per la parte proporzionale che per quella maggioritaria. Va tuttavia osservata la differenza, talvolta consistente, nella distribuzione del voto, nei diversi settori. È il caso del sostanziale equilibrio tra le due coalizioni nel maggioritario (45,4% contro 44,2%), laddove nel proporzionale la superiorità della Cdl appare molto più netta (49,5% contro 44,4%). Ma scendendo dalle coalizioni ai partiti che le compongono i risultati confermano la schiacciante vittoria di Forza Italia, che con il 29,4%, pari a quasi undici milioni di voti, raggiunge il massimo storico; risultato schiacciante anche perché FI sottrae in modo cospicuo voti agli altri partiti del centrodestra, lasciando il 12% ad AN, il 3,9% alla Lega, e il 3,2% a Ccd e Cdu, a cui non giova la concorrenza di Democrazia europea, la formazione di Sergio D'Antoni, nata alla vigilia delle elezioni sotto gli auspici di Giulio Andreotti, che riporta il 2,4%. FI guadagna 3.200.000 voti ma gli alleati reali o potenziali ne perdono un milione e mezzo.

Nel centrosinistra i DS devono accontentarsi di uno dei più modesti risultati della loro storia, il 16,6%, due punti percentuali al di sotto di ciò che il vecchio Pci aveva raccolto alle prime elezioni, quelle del 1946 (i cui risultati Togliatti aveva definito deludenti). Una buona affermazione è invece quella della Margherita con il 14,5%; Rifondazione si piazza al 5%, Di Pietro al 3,4%, la lista Pannella-Bonino al 2,2%.

In termini di seggi la superiorità del centrodestra appare ancora più vistosa, 368 seggi alla Camera contro i 261 del centrosinistra, 176 contro 134 al Senato. Forza Italia si afferma in tutto il paese, dal nord al sud, dove, in particolare, sottrae un gran numero di voti all'alleato Ccd-Cdu. Solo le «regioni rosse» resistono a Berlusconi, ma i DS perdono l'esclusività di un tempo. Hanno votato per Forza Italia casalinghe come operai; a essa sono andati il voto anticomunista e quello tendenzialmente progressista ma «contrario alle avventure». È ormai chiaro che Berlusconi ha ereditato gran parte del vasto e articolato elettorato che era stato della DC, moderato e sostanzialmente conservatore che, specie nelle regioni settentrionali, costituiva da sempre la maggioranza dei votanti (Roberto D'Alimonte). C'è anche chi (Giorgio Galli) osserverà che, nonostante la lunga e intensa opera di propaganda, la vittoria del centrodestra non è così clamorosa come sembra e che, rispetto alla sua prima uscita in politica nel 1994, Berlusconi non ha conquistato un solo voto in più, e anzi, rispetto alle ultime consultazioni del 1996, la coalizione di centrodestra ha perso terreno. Sono tutte affermazioni sostenibili e verificabili sulla base di dati e di confronti. Resta il fatto incontrovertibile che la vittoria del maggio 2001 è la vittoria di Berlusconi, e gran parte di coloro che sulla scheda hanno posto il segno su Forza Italia hanno votato per lui. Un così evidente riconoscimento della leadership del cavaliere diventerà il più forte elemento di unità per Forza Italia e, fino a un certo momento, per tutta la coalizione; ciò darà al leader un potere quasi illimitato nel partito, ma a lungo andare, quando la stella del cavaliere comincerà a impallidire, ne costituirà anche un elemento di debolezza.

Per i partiti della sinistra sconfitta, i mesi successivi alle elezioni sono mesi di frustrazioni e di reciproche accuse, resi ancora più amari dalla netta vittoria della destra alle regionali siciliane, dove il candidato di Forza Italia, Totò Cuffaro prevarrà largamente su Leoluca Orlando, ex sindaco di Palermo e fondatore della Rete. All'interno della coalizione, mentre la Margherita ha retto e in certi casi ha, seppur di poco, progredito, i partiti della sinistra tradizionale e i DS in particolare hanno toccato il fondo. All'interno dei DS i mesi estivi e autunnali che precedono il congresso di Pesaro sono pieni di recriminazioni, di attacchi anche personali, soprattutto a D'Alema, che pure farà autocritica, per aver rilanciato Berlusconi dandogli credito e fiducia con la Bicamerale. Fra il cosiddetto «correntone», che riunisce i gruppi di Salvi, Mussi e Folena, orientato a sinistra e che come candidato di bandiera sceglie il settantenne Giovanni Berlinguer, fratello dell'ex segretario del Pci, la corrente liberale attorno a Enrico Morando, e il nucleo centrale e storico del vecchio Pci, che continua a riconoscersi in D'Alema, sarà il candidato di quest'ultimo, Piero Fassino, a prevalere al congresso nell'elezione per la segreteria. Sull'altro versante della coalizione, la Margherita, da semplice cartello elettorale dei quattro partiti che l'avevano costituita (Democratici di Prodi, Popolari di Marini, Udeur di Mastella e Rinnovamento italiano di Dini), fa un passo avanti verso l'obiettivo del partito unitario; ma nonostante i tentativi di Rutelli, che della Margherita era stato eletto presidente, il processo resta a metà e Mastella, leader dell'Udeur, sembra deciso a mantenere l'autonomia del proprio gruppo. L'idea del partito unico con l'altra componente, quella dei DS, è per il momento accantonata in attesa del ritorno di Prodi che sarà il vero unificatore.

*Il governo e i primi atti*

Il cavaliere, come era stato previsto, si muoveva con grande rapidità, anche per mostrare al paese che con la vittoria di Forza Italia le cose stavano cambiando. Per avere l'incarico dovette sottostare ai tempi canonici dell'insediamento delle due camere e delle consultazioni presidenziali, ma ricevutolo il 9 giugno, il giorno successivo presentava il proprio governo. Già alcune settimane prima aveva avocato a sé la scelta dei suoi componenti, e anche questa era una prassi che innovava rispetto al passato, quando la scelta dei ministri era demandata ai partiti che formavano la coalizione e magari alle loro correnti. In realtà insieme agli uomini più vicini al presidente, collocati nei posti chiave, il nuovo governo rifletteva gli equilibri esistenti nella coalizione: Claudio Scajola agli Interni, il leghista Roberto Castelli alla Giustizia, Umberto Bossi (sostituito da Roberto Calderoli nel luglio 2004) alle Riforme, Letizia Moratti all'Istruzione, Antonio Marzano alle Attività produttive, Giulio Tremonti all'Economia e finanze (sostituito da Domenico Siniscalco nel luglio 2004), Roberto Maroni al Lavoro e alle Politiche sociali, Antonio Martino alla Difesa, Giuliano Urbani ai Beni culturali, Girolamo Sirchia alla Salute. Agli Affari esteri, su suggerimento dell'avvocato Agnelli, veniva nominato Renato Ruggiero, uomo di grande esperienza internazionale; ma la sua permanenza alla Farnesina sarebbe stata breve e non fortunata. Nel complesso, un governo equilibrato con una limitata presenza di tecnici, alcuni dei quali indipendenti, ma con una forte leadership esercitata direttamente da Berlusconi o indirettamente attraverso Gianni Letta, segretario del Consiglio dei ministri e principale consigliere del premier insieme a Paolo Bonaiuti, sottosegretario alla presidenza del Consiglio.

Dopo la fiducia delle due camere, poco più che rituale, in una situazione che vedeva il governo godere di una delle più vaste maggioranze nella storia delle istituzioni repubblicane, venivano stralciate dal programma di legislatura le prime misure dirette a operare il rilancio dell'economia: la detassazione degli utili reinvestiti e una serie di provvedimenti volti a incoraggiare l'uscita dal sommerso, la promessa abolizione della tassa di successione sui grandi patrimoni, il condono fiscale per il rientro dei capitali illegalmente esportati all'estero e la cosiddetta «legge obiettivo» per facilitare l'esecuzione delle opere infrastrutturali, quelle nuove e quelle già iniziate.

Il sopraggiungere della crisi economica internazionale avrebbe costretto il governo a ridimensionare il programma precedentemente annunciato. Alcuni provvedimenti venivano ripresi e sviluppati nel Dpf 2002/2006. Gli obiettivi restavano ottimistici, nonostante gli effetti della crisi che cominciava a mordere: una crescita attorno al 3% annuo e la riduzione della pressione fiscale di un punto percentuale ogni anno. In realtà le cose sarebbero andate diversamente. Nel corso del 2002 la crescita del Pil, che veniva ridimensionata prima al 2,2%, successivamente all'1,3% e infine allo 0,6%, restava ferma allo 0,3%, in confronto allo 0,7% della media europea, ma l'occupazione saliva dell'1,4% ed era anche di buona qualità, nel senso che si trattava di assunzioni a tempo indeterminato, un segno che la legge sul credito d'imposta per le nuove assunzioni approvata dal governo Amato nel dicembre del 2000 stava funzionando. Ma il tentativo di recuperare mezzi per preparare le misure di riduzione fiscale e di aumento delle pensioni promesse in campagna elettorale induceva il governo a sospendere l'erogazione dei crediti di imposta dopo poco meno di un anno; e quando fu costretto a ristabilirli sotto la pressione degli operatori economici decise di ridurne l'entità. Ugualmente, diverse opere infrastrutturali, di cui era stato promesso il rilancio, venivano rinviate; anche il disavanzo pubblico, che avrebbe dovuto essere azzerato nel 2003, rimase invece attorno al 3%. Oltre che con la crisi che colpiva duramente l'economia occidentale, il governo avrebbe giustificato la modestia degli interventi e dei risultati con «l'enorme buco» che sarebbe stato lasciato dal precedente governo di centrosinistra e sul quale per tutta la seconda metà del 2001 si concentrò il dibattito politico, con accuse e controaccuse. In realtà il buco c'era, ma era il frutto di una politica finanziaria dissennata iniziata un quarto di secolo prima.

Una serie di misure prese nella seconda parte del 2002 miravano ad accrescere la competitività dell'economia nazionale, individuata da economisti italiani ed esteri come il tallone di Achille del paese e delle sue prospettive di crescita; veniva ridotta l'imposta sui redditi personali di circa due miliardi. La riduzione dell'Irpeg e quella dell'Irap per le imprese, già concordata dai governi precedenti, venivano accresciute ma di appena 3,3 miliardi di euro. Veniva inoltre aumentata l'indennità di disoccupazione (per un totale di 700 milioni) ma senza affrontare, almeno per il momento, il problema di estendere l'indennità sia ai lavoratori delle piccole aziende che ai precari.

In conclusione il governo cercò di mantenere gli impegni delle promesse elettorali agendo su un'ampia gamma di settori, ma la misura degli interventi fu limitata e parziale e difficilmente avrebbe potuto ottenere gli effetti che si proponeva. L'edificio aveva bisogno di ben altri restauri. Mancò quella terapia shock che sarebbe stata l'unico metodo efficace per affrontare la riduzione dell'incidenza fiscale e la ristrutturazione della spesa pubblica.

Il governo, e per esso Berlusconi, potevano sostenere di avere affrontato i sintomi del declino senza mettere le mani nelle tasche degli italiani, ma i problemi del paese erano ancora tutti irrisolti e tali sarebbero rimasti anche negli anni successivi. A fine 2002 il rapporto Censis, uno degli appuntamenti tradizionali sullo stato del paese, definiva l'Italia un «paese con le batterie scariche». Era difficile dargli torto, anche se il governo diffondeva ottimismo a piene mani.

## La politica estera

I problemi di politica estera, che con la fine della guerra fredda avrebbero dovuto diminuire di importanza, erano invece destinati a rivelarsi sempre più assorbenti in termini di attenzione e di mezzi. In un periodo caratterizzato dal ritorno al prevalere dell'interesse nazionale su quelli comunitari, la gestione dei rapporti internazionali costituirà uno dei maggiori elementi di debolezza del governo di Berlusconi. La politica personalistica ed estrosa condotta dal cavaliere, il mancato rispetto delle regole e un comportamento in aperta contraddizione con i canoni della diplomazia internazionale finiranno per isolare il premier e con lui anche il paese. Ai sospetti sempre esistiti in Europa nei confronti della politica italiana si sommeranno la condanna per i comportamenti pubblici e privati del cavaliere, preso di mira da una campagna di delegittimazione che si intensificherà nei tre anni del suo ultimo mandato fino a diventare uno degli elementi che contribuiranno a spingerlo al famoso «passo indietro».

Dopo la crisi jugoslava, che aveva occupato tutti gli anni Novanta, a movimentare lo scenario internazionale arrivavano, nel decennio successivo, il terrorismo islamico e un neoespansionismo americano con l'obiettivo dell'esportazione della democrazia, sostenuto da una nuova generazione di politici e di intellettuali neoconservatori. La combinazione di questi due elementi produrrà due guerre, in Afghanistan e in Iraq, e una serie di tensioni dovute ad azioni terroristiche in altre parti del mondo. Mentre durante gli anni della guerra fredda i governi dell'Europa, e in particolare il nostro, avevano lasciato agli Stati Uniti la gestione delle crisi che si verificavano in margine al conflitto est-ovest, nel decennio che si apriva con il più grande atto di terrorismo nella storia del mondo, l'assalto alle Torri gemelle di New York, gli alleati europei erano chiamati a partecipare alle politiche e alle azioni degli Stati Uniti sia nell'ambito di imprese collettive a guida Nato, sia in un rapporto diretto con la superpotenza.

Nel caso dell'Italia, a cominciare dagli anni Novanta, ma soprattutto nel corso del primo decennio del nuovo secolo, gli impegni extraeuropei accompagnati da partecipazioni a operazioni militari diventano sempre più frequenti e impegnativi anche sotto il profilo economico. Negli anni della guerra fredda l'Italia aveva goduto di uno status particolare, riconosciutole dal maggior alleato, di paese di frontiera tra il mondo occidentale e quello sovietico, e per di più con all'interno il più forte partito comunista d'Occidente; con la fine della guerra fredda quello status, che aveva agevolato ai governi italiani la partecipazione ai livelli più alti dell'alleanza, cominciava a ridimensionarsi. Con un maggiore attivismo e con la partecipazione alle numerose missioni militari l'Italia cercava di mantenersi nel gruppo di testa degli attori internazionali, in un ruolo per il quale, del resto, la legittimava anche la sua forza economica che, nonostante la crescita lenta e la minore competitività, la collocava ai livelli delle maggiori potenze industriali. Grazie anche a una declinante influenza dell'estrema sinistra, le missioni militari all'estero nel quadro dell'Onu e dei suoi valori, al cui rispetto l'obbligava l'articolo 11 della Costituzione, diventavano sempre più frequenti e sempre più «bipartisan».

Le differenze tra una politica estera gestita dal centrosinistra o dal centrodestra andavano sempre più assottigliandosi. La lealtà verso gli Stati Uniti (tale veniva percepita la partecipazione all'Alleanza atlantica dalla maggioranza degli italiani) e la fedeltà all'Europa e alla maggiore integrazione delle sue istituzioni e delle sue politiche restavano i due pilastri della politica estera italiana qualsiasi fosse il colore dei partiti al governo. Magari da parte del centrosinistra la fedeltà all'Europa prevaleva su quella all'America, ma ciò solo in caso di contrapposizione tra le due sponde dell'Atlantico. Diversa la posizione del centrodestra, i cui due maggiori esponenti, Berlusconi e Fini, negli anni precedenti al ritorno al governo avevano provveduto a rafforzare i legami con l'alleato americano. Altri personaggi attorno a Berlusconi erano critici nei confronti dell'integrazione europea: Martino, che per vocazione e tradizione avrebbe diretto la politica estera italiana, nel secondo governo Berlusconi era stato trasferito alla Difesa per le sue riserve europeistiche; e diffidente, se non apertamente ostile, nei confronti di Bruxelles e del suo apparato burocratico era la Lega, timorosa che le sue autonomie presenti e future potessero entrare in conflitto con i principi della *governance* europea.

Sia Fini sia Berlusconi erano guardati con riserva e qualche sospetto nell'Unione europea. A Fini non giovava il passato neofascista, a Berlusconi le vicende personali anteriori al suo ingresso in politica, il contenzioso con la magistratura e il suo disprezzo per le regole. «Quest'uomo è inadatto a governare», lo accoglieva alla vigilia dell'insediamento il titolo di un numero dell'inglese «Economist», una rivista che aveva sempre manifestato scarsa simpatia per i governi e la politica italiani, ma che interpretava una sensazione largamente diffusa nel mondo anglosassone.

Il primo test internazionale per il Berlusconi II sarebbe stato la partecipazione al vertice Nato di Göteborg, alcuni giorni dopo la formazione del nuovo governo. Berlusconi assicurava gli alleati che nella politica estera italiana «non ci sarebbe stato alcuno strappo».

Alcune settimane dopo Göteborg arrivava la conferenza del G8 di cui l'Italia era la nazione ospitante e organizzatrice. La decisione di tenerla a Genova, città che mal si prestava alle garanzie di sicurezza richieste da conferenze di tale importanza, era stata presa anni prima, durante il governo D'Alema, e il lavoro preparatorio era stato svolto dal governo Amato. Berlusconi, anche per i tempi strettissimi tra il suo arrivo a Palazzo Chigi e l'inizio del G8, fece proprie le scelte e l'impostazione dei lavori precedentemente decisi e si dedicò soprattutto a controllare la logistica. Con il noto perfezionismo riservato a tutte le vicende che avessero una valenza internazionale, il nuovo premier curò fin nei minimi dettagli l'organizzazione dell'evento. I vertici del G8 stavano perdendo l'importanza che avevano avuto nel passato di fronte all'arrivo sulla scena internazionale dei nuovi paesi emergenti, ma restavano ancora occasioni di prestigio e di reciproca conoscenza per i capi di stato e di governo dei sette paesi più industrializzati del mondo, più la Russia che si era aggiunta recentemente. Ma piuttosto che per le decisioni che vi sarebbero state prese e che riguardavano i problemi dei paesi in via di sviluppo e le condizioni sanitarie delle zone più povere del mondo, il G8 di Genova sarebbe rimasto nella storia delle grandi conferenze internazionali come l'occasione e il teatro di una delle più violente proteste dei gruppi di estrema sinistra e delle loro componenti più radicali.

Il movimento no global che per tre giorni trasformò la città in un campo di battaglia era nato a Seattle nel novembre del 1999 in occasione della conferenza dell'Organizzazione mondiale del commercio, e aveva già una sua storia (Davos, Göteborg, Napoli) di grandi adunate di gruppi protestatari e di scontri con le forze di polizia dei paesi che ospitavano i vertici. I leader dei grandi paesi partecipanti erano accusati di prendere decisioni che incidevano sulla vita di stati e di individui privi di ogni rappresentanza.

Nei giorni del G8 arrivarono a Genova gruppi di varia nazionalità e di diverso orientamento tra i quali alcuni dei più estremisti, i *black bloc*, tutti partecipanti al Genova

Social Forum, organizzatore delle manifestazioni. Il tentativo di trovare un accordo tra manifestanti e polizia per disciplinare la protesta falliva e, nonostante la città fosse stata blindata, i *black bloc* si scatenarono violentemente nel secondo giorno del G8, il venerdì 20 luglio, in tutta la città, distruggendo la segnaletica cittadina, assaltando negozi e scontrandosi con la polizia, danneggiandone i mezzi e commettendo ogni genere di atti vandalici. Il conto dei danni alle cose fatto all'indomani degli scontri arriverà a quasi 50 miliardi di lire.

Il 20 luglio, al culmine degli scontri, moriva un giovanissimo, Carlo Giuliani, colpito da un carabiniere che, credendosi in pericolo, esplodeva alcuni colpi di rivoltella. La guerra ormai aperta e dichiarata tra polizia e dimostranti ebbe un altro drammatico episodio, quando alla fine della conferenza alcuni reparti di polizia organizzarono una vera e propria spedizione punitiva alla scuola Diaz, un edificio scolastico che il Comune di Genova aveva concesso al Social Forum perché vi installasse il proprio centro direzionale e che era diventato il dormitorio di varie decine di manifestanti. Gli occupanti della Diaz vennero arrestati e picchiati dai poliziotti, nonostante non vi fosse stata resistenza; decine di feriti e di contusi, di cui alcuni gravi, dovettero essere trasportati negli ospedali vicini.

La polizia cercò di giustificare l'accaduto con la necessità di perquisire i locali e con la reazione a una sassaiola avvenuta nei pressi della scuola e di cui sarebbero stati vittime alcuni agenti, ma quelle spiegazioni si rivelarono poco credibili davanti all'evidenza delle violenze commesse all'interno dell'edificio (devastazioni delle suppellettili, macchie di sangue sulle pareti) che fornivano le prove del pestaggio che vi si era svolto.

L'uccisione di Carlo Giuliani e l'assalto alla scuola Diaz erano destinati a diventare due cause celebri, di cui si sarebbe continuato a parlare negli anni in margine prima alle indagini e poi al processo contro i poliziotti e i loro dirigenti.

La stampa internazionale si occupava quasi esclusivamente delle violenze commesse da ambedue le parti e trascurava i risultati della conferenza che, tuttavia, erano alquanto significativi.

Dal vertice di Genova partiva quel piano per l'Africa che seguiva le grandi linee di un piano Marshall per i paesi del continente e soprattutto per i più poveri. Merito della diplomazia italiana era di averlo accuratamente preparato con ripetuti contatti con i governi africani e di aver portato all'attenzione del vertice condizioni e problemi delle popolazioni africane.

Negli anni successivi di quel piano si sarebbe tornato a parlare, ma dopo l'11 settembre e l'attacco alle Torri gemelle di New York, tutta l'attenzione si spostava nel settore mediorientale, destinata a rimanervi a lungo.

Durante i tre giorni del vertice, Berlusconi aveva svolto il ruolo di padrone di casa con garbo e con quella cordialità che gli era naturale e che tutti, amici e nemici, gli riconoscevano; ma quanto era avvenuto nelle strade di Genova non avrebbe giovato all'immagine del governo appena insediato e a quella del paese.

Fin dal G8 di Genova appariva chiaro che Berlusconi considerava i grandi consessi internazionali come l'occasione di apparire a fianco degli altri leader mondiali in una concezione della politica estera che puntava più sull'improvvisazione e sulle relazioni personali che sul lavoro diplomatico tradizionale, diretto a creare influenze e convergenze, e ciò produsse una prima grave incrinatura tra il premier e il ministro Ruggiero, che da grande esperto della politica internazionale aveva un'esperienza e una visione diverse da quelle del premier.

La decisione del governo di rinunciare alla costruzione e all'acquisto dell'aereo di trasporto europeo Airbus A400M fu giustificata con difficoltà di bilancio, ma in realtà era squisitamente politica, ispirata dal ministro della Difesa Martino, come apparve chiaro quando, qualche tempo dopo, lo stesso Martino annunciò la partecipazione italiana alla costruzione del Joint Strike Fighter, il nuovo caccia che l'americana Lockheed stava sviluppando per conto del Pentagono. Alla collaborazione con l'industria aeronautica europea veniva preferita quella americana. Dopo questo primo contrasto, un altro ben più significativo investiva la politica estera del governo in uno degli aspetti fondamentali, quando in occasione dell'adozione definitiva dell'euro, il primo gennaio 2002, i ministri Bossi,

Martino e Tremonti esprimevano riserve e scetticismo sul futuro della moneta unica e Ruggiero manifestava tutta la sua contrarietà per i commenti giudicati inopportuni. Inevitabilmente nasceva una polemica che Berlusconi cercò di placare, ma Ruggiero, che all'interno del governo aveva avvertito l'ostilità del gruppo degli antieuropeisti e il suo relativo isolamento, presentò dimissioni irrevocabili. In attesa della scelta del nuovo titolare della Farnesina, Berlusconi assumeva l'interim degli Esteri, che avrebbe mantenuto per vari mesi.

Nel frattempo i drammatici eventi dell'11 settembre avevano aperto le ostilità sul fronte del terrorismo e provocato tensioni tra il mondo occidentale e quello islamico, creando i prodromi di quello che avrebbe potuto diventare uno scontro di civiltà, di cui si sarebbe parlato spesso in questi anni. Nel corso di un incontro a Berlino con il presidente russo Vladimir Putin, Berlusconi sostenne che le due civiltà, quella islamica e quella occidentale, non potevano essere collocate sullo stesso piano, dato che la seconda era decisamente superiore all'altra. Pronunciato alcuni giorni dopo l'attacco alle Torri, in un clima di forte tensione tra Occidente e paesi arabi, l'incauto giudizio scatenava una polemica internazionale e una generale denuncia delle affermazioni del premier italiano, che fu costretto a smentire.

Alcuni giorni dopo, nel corso di un incontro con gli ambasciatori dei paesi arabi, Berlusconi dichiarava che il significato delle sue parole era stato male interpretato dalla stampa.

Intanto, subito dopo l'11 settembre, era iniziata l'offensiva americana contro l'Afghanistan per il rifiuto del governo talebano di consegnare Bin Laden, mente e finanziatore dell'attacco alle Torri gemelle. Riconfermando la lealtà agli Stati Uniti, il governo e il Parlamento italiani sostenevano l'intervento americano in Afghanistan e, qualche settimana dopo, decidevano di affiancare l'azione americana e britannica inviando un primo contingente di 2.700 uomini. Votavano a favore dell'intervento 513 parlamentari (seppur in due documenti separati), contro Verdi, Comunisti italiani e sinistra DS. Era il primo di una serie di interventi militari che avrebbero caratterizzato tutto il decennio.

Due altri momenti di politica estera permetteranno di chiarire posizioni e stile del premier. Il primo è il vertice Nato che, nel maggio 2002, si riunisce a Pratica di Mare, una base militare vicino a Roma, scelta per evitare il ripetersi di fatti come quelli di Genova. Nel quadro dell'Alleanza atlantica quel vertice sembrò segnare una svolta o almeno il suo inizio con la creazione di un consiglio di venti membri di cui veniva invitata a far parte anche la Russia. Al consiglio venivano attribuite funzioni «di collaborazione e di decisioni in azioni comuni», come la lotta al terrorismo, la gestione congiunta di eventuali crisi, specie nell'area balcanica, la non proliferazione delle armi di distruzione di massa, e perfino i salvataggi in mare e le emergenze civili. Sembrava «una nuova pagina» nei rapporti tra i paesi Nato e la Russia, con l'impegno a operare come *equal partners* in un'area di comune interesse. La stampa amica sottolineò, con qualche enfasi, il ruolo che Berlusconi aveva esercitato nel promuovere quell'accordo che, pur rimanendo per il momento senza grandi risultati, segnava nei rapporti fra la Russia e l'Occidente una svolta destinata a sviluppi futuri. In realtà, Berlusconi mantenne buoni rapporti personali con Bush ed eccellenti con Putin: in qualche misura giovavano al paese per una serie di ricadute di carattere politico ed economico. In particolare, Berlusconi continuerà negli anni a perorare la causa di Putin e della Russia per un più stretto rapporto con l'Europa, suscitando più di un sospetto oltre Atlantico, nonché le reazioni delle forze liberali e progressiste in Europa e Stati Uniti. È difficile valutare in che misura quel sostegno sia stato influente per la causa russa, a cui erano interessati anche paesi come la Germania, che con la Russia aveva instaurato da tempo forti rapporti economici, e la Francia, che li stava creando.

Tipico della psicologia del premier era la tendenza a valorizzare il rapporto diretto con i leader delle maggiori potenze, trascurando la complessità dei problemi politici e diplomatici e la necessaria continuità di attenzione verso le questioni internazionali che richiedevano competenza e preparazione, e che magari producevano risultati meno visibili nell'immediato. A una politica di piccoli passi e di alleanze negoziate su solide basi, Berlusconi preferiva una politica estera di alto profilo e di apparente prestigio che, se garantiva al paese un rapporto speciale con la superpotenza America e la ex superpotenza russa che si stavano pur lentamente riavvicinando, lo allontanava in qualche misura dagli affari europei che richiedevano un diverso passo e una diversa metodologia per mantenere posizioni ed equilibri in una comunità di stati sempre più numerosa e con interessi non sempre facilmente conciliabili.

Quella della presidenza dell'Unione è l'occasione in cui il paese di turno e i suoi leader costruiscono il loro profilo europeistico e offrono al Parlamento europeo e alla Commissione il proprio contributo di idee e di progettualità. All'Italia il semestre di presidenza toccava per la settima volta nella storia della comunità nella seconda metà del 2003.

Era un momento particolarmente difficile; qualche mese prima l'Unione si era drammaticamente spaccata tra «nuova» e «vecchia» Europa, sul tema della partecipazione all'attacco americano all'Iraq. La decisione di Bush di invadere l'Iraq, senza una legittimazione internazionale, rifiutata dal Consiglio di sicurezza dell'Onu, aveva visto l'UE dividersi tra oppositori (Francia, Germania e Belgio), e sostenitori, i cosiddetti paesi «volenterosi», fra cui i più determinati nel sostegno a Washington erano stati proprio l'Italia di Berlusconi, la Spagna di Aznar e la Polonia del premier Leszek Miller, che si erano fatti promotori di una lettera di sostegno alle tesi americane firmata da otto paesi, quasi tutti dell'Europa dell'est. Inoltre il 15 aprile il Parlamento italiano, con un voto quasi bipartisan, autorizzava il governo a inviare, dopo quelle in Afghanistan, truppe italiane anche in Iraq.

Sulla questione irachena l'Europa si trovava spaccata come non mai, e si poneva il problema di una ricucitura delle opposte posizioni per evitare che la crisi si approfondisse.

La presentazione del programma per il semestre italiano di presidenza UE, ad opera dello stesso Berlusconi, degenerava in uno scontro tra il premier e il deputato tedesco Martin Schulz che veniva gratificato da Berlusconi dell'epiteto «Kapò» in un campo di concentramento nazista». L'episodio non nasceva per caso, era stato preparato da una campagna di stampa contro Berlusconi che l'«Economist», reiterando l'accusa fatta già alla vigilia dell'insediamento del premier italiano, aveva affidato alla copertina del numero dell'8 maggio con il titolo «Berlusconi non può parlare per l'Unione europea e non è adatto a guidare l'Europa». La rivista tedesca «Der Spiegel», anch'essa nota per la scarsa simpatia dimostrata nel passato per il nostro paese, quasi contemporaneamente dedicava una seconda copertina a Berlusconi definendolo «Il Padrino», con un'aperta allusione ai sospetti di colleganze mafiose che avevano ininterrottamente accompagnato Berlusconi fin dalle origini del suo impegno politico. Il clima creato dalla stampa europea, e la domanda chiaramente provocatoria di Schulz sulle vicende giudiziarie di Berlusconi, nonché la risposta insultante, in particolare per un tedesco, del premier creavano una «crisi istituzionale», secondo la definizione del presidente del gruppo socialista al Parlamento europeo Enrique Baron Crespo; parole di condanna arrivavano anche da parte dello stesso presidente del Parlamento, Pat Cox. L'incidente si chiudeva alcuni giorni dopo con le scuse di Berlusconi al cancelliere tedesco, Schröder, ma il semestre italiano non poteva avere un inizio peggiore. La serie degli incidenti era destinata a continuare.

In occasione di un vertice UE-Russia, tenuto a Roma in novembre, Berlusconi prendeva le difese di Putin a proposito della politica di Mosca in Cecenia, i cui eccessi erano noti e apertamente denunciati dall'opposizione liberale, suscitando le proteste di mezza Europa. Nel corso di una visita a Roma del premier israeliano Ariel Sharon, Berlusconi evitava ogni riferimento al muro che gli israeliani stavano costruendo per dividere il loro territorio da quello palestinese, una questione che in quei mesi era al centro dell'attenzione internazionale. In questa, come in altre circostanze, il governo italiano si schierava nettamente a favore di Israele, in conflitto con gli orientamenti della politica europea tradizionalmente favorevole alla causa palestinese.

Un altro aspetto del semestre fu la conflittualità strisciante con la Commissione, ma soprattutto con il suo presidente, Romano Prodi, eletto alla carica nel 2000.

La collaborazione fra il presidente della Commissione e il premier durante il semestre di presidenza italiana avrebbe potuto essere di grande vantaggio per il paese e per la causa europea, invece il rapporto Prodi-Berlusconi si logorava in una serie di dispetti e di meschine conflittualità che nocquero a entrambi. Ma il tema di fondo del semestre italiano era la soluzione dell'impasse che si era determinata nella formulazione della Carta costituzionale in materia di sistemi di votazione. Alla Conferenza intergovernativa (Cig) indetta a Roma per il 4 ottobre, che costituiva il momento più importante del semestre, al centro dell'attenzione era il progetto di una Convenzione europea, che la *vox populi* aveva ribattezzato come la Costituzione dell'UE e che era stata messa a punto tra il febbraio del 2002 e il giugno del 2003 da un gruppo di rappresentanti dei governi e dei parlamenti, sotto la regia di Giscard d'Estaing, ex presidente della Repubblica francese, e dell'ex premier Giuliano Amato. La questione più controversa era il sistema di votazione nelle istituzioni europee, con Spagna e Polonia che rifiutavano di abbandonare la prassi in corso, per loro vantaggiosa, fondata sul principio della ponderazione dei voti, per adottare quella prevista dal progetto di Convenzione secondo il principio della doppia maggioranza (50% dei paesi, 60% delle popolazioni). Il tentativo di trovare una soluzione di compromesso sul sistema di votazione, che avrebbe permesso l'approvazione della Convenzione europea, falliva. Anche Berlusconi, che ottimisticamente ne aveva garantito il varo entro l'anno, doveva riconoscere l'esistenza di «un risultato non completamente positivo». L'accordo conclusivo sul testo della Convenzione, mancato durante il semestre italiano, veniva raggiunto nei mesi successivi e la Carta veniva approvata in una solenne cerimonia tenuta a Roma il 29 ottobre 2004, in quel Campidoglio dove il 25 marzo 1957 aveva avuto luogo la firma del trattato sul Mercato comune.

Nonostante il risultato mediocre, proprio a partire dal semestre di presidenza dell'UE si avvertiva nelle posizioni del governo e in quelle del premier un lento e graduale ritorno di attenzione per la politica europea. Vi contribuivano due fattori: il peggioramento della situazione strategica in Iraq in concomitanza con una crescente opposizione dell'elettorato alla permanenza delle truppe italiane in quel paese e il peggioramento del bilancio, e più in generale dell'economia, che vedrà una UE più attenta al «caso italiano» e costringerà il governo a un atteggiamento più cauto nei confronti di Bruxelles.

## L'Italia in Iraq

Le difficoltà incontrate dalle truppe americane e alleate in Iraq raggiungono il momento più critico tra la fine del 2004 e l'inizio del 2005. Cresce l'aggressività di Al Quaeda e aumentano le perdite degli occidentali. Nel novembre 2003, in un'azione terroristica condotta contro il quartier generale dalle truppe italiane a Nassirya, muoiono 19 militari; poi, nel corso del 2004, segue uno stillicidio di rapimenti di italiani in Iraq a vario titolo, che coinvolgono guardie del corpo, giornalisti, membri di organizzazioni umanitarie. Il governo cercherà e, nella maggior parte dei casi, riuscirà a contrattare la loro liberazione con le organizzazioni terroriste o più semplicemente criminali. L'opinione pubblica italiana che aveva sostenuto in maggioranza la partecipazione alla vicenda irachena, davanti a questi episodi comincia a dar segni di stanchezza e a chiedere il ritiro delle truppe; nel frattempo anche altri paesi, è principalmente il caso della Spagna, richiamano le proprie. Nel marzo del 2005 viene ucciso Nicola Calipari, uno 007 italiano, presso un posto di blocco americano sulla strada per l'aeroporto di Baghdad mentre sta accompagnando la giornalista del «Manifesto» Giuliana Sgrena, rapita da un gruppo terrorista e appena liberata. Le circostanze dell'episodio e la copertura che il comando americano cercherà di dare al proprio soldato responsabile della morte di Calipari suscitano in Italia sdegno e proteste.

Già in febbraio i partiti del centrosinistra avevano deciso di votare contro il rifinanziamento della missione italiana in Iraq, e dopo la morte di Calipari le voci che chiedono il ritiro delle truppe italiane da quel paese diventano sempre più numerose, anche tra la maggioranza. Il 15 marzo Berlusconi annuncia che da settembre il ritiro avrà inizio, ma qualche giorno dopo il richiamo degli alleati americani e britannici a una linea più cauta induce il premier a far marcia indietro: «Era solo un auspicio». Ma ormai il problema è posto e si tratta solo di coordinare l'uscita dall'Iraq con la strategia degli americani, anch'essi intenzionati a chiudere l'avventura irachena.

Seguono altre dichiarazioni e smentite ma infine il ministro degli Esteri annuncia che il ritiro delle truppe italiane dall'Iraq inizierà nel febbraio 2006. Qualche settimana più tardi Berlusconi indica il mese di settembre come la data del disimpegno e infine il ministro Martino dichiara che il ritiro sarà completato entro il 2006.

Nel complesso, quella di Berlusconi è una politica estera a tutto campo, che cerca di aprire nuove opportunità anche a rischio di allontanarsi dai percorsi tradizionali e di urtare la sensibilità degli alleati. È il caso dei rapporti personali che Berlusconi coltiva con leader e capi di stato (Nazarbaev, padre-padrone del Kazakistan, o Lukašenko, dittatore bielorusso), le cui credenziali non sono considerate accettabili secondo gli standard prevalenti in Occidente. Ma è anche una politica estera troppo spesso soggetta a improvvisazioni, condotta sotto la pressione delle opportunità del momento e quindi senza la necessaria preparazione; tutte caratteristiche, vale riconoscerlo, che anche nei governi del passato avevano contraddistinto la politica estera italiana, da sempre priva di un disegno generale costruito sugli interessi storici e attuali del paese e di una visione del futuro concordante con quella della comunità internazionale. Ma sulla politica estera dei governi di Berlusconi pesa negativamente anche la scarsa simpatia per la figura del premier manifestata dalla stampa internazionale e sottintesa dall'atteggiamento, talvolta imbarazzato, dei governi e dei governanti alleati, nel corso di incontri internazionali.

Le amicizie ostentate dal premier con i grandi della terra e accreditate dai suoi sostenitori come prova del suo prestigio politico in realtà non gli assicurano né particolare influenza né autorevolezza e, anzi, talvolta gli si ritorcono contro.

# CAPITOLO SESTO

# BERLUSCONI VUOL CAMBIARE LA REPUBBLICA

*Berlusconi e il conflitto di interessi*

Uno dei problemi che più insistentemente ha accompagnato gli anni della presenza di Berlusconi sulla scena politica italiana è stato quello del conflitto di interessi.

Fin dal 1994 la candidatura di Berlusconi a guidare il paese ha posto la questione dell'eleggibilità. Gli articoli 65 e 66 della Costituzione trattano la questione in linea generale rinviandola alla legge ordinaria. L'articolo 10 della legge del Dpr 361, 1957 definisce non eleggibili «coloro che in proprio, in qualità di rappresentanti legali di società e di imprese private, risultino vincolati con lo stato per contratti di opere o di somministrazioni, oppure per concessioni o autorizzazioni amministrative di notevole entità economica».

La giunta delle elezioni della Camera dei deputati escludeva il conflitto di interessi nel caso di Berlusconi, poiché interpretava la norma in questione riferita «alla concessione *ad personam*, e quindi se non c'è titolarità della persona fisica non si pone alcun problema di eleggibilità pur in presenza di eventuali partecipazioni azionarie». In altre parole il fatto che la concessione non venisse attribuita direttamente a Berlusconi, ma alle sue aziende, escludeva il conflitto di interessi e risolveva il problema della eleggibilità. L'interpretazione veniva contestata perché apertamente in contrasto con lo spirito della legge, e del resto veniva fatto osservare che diverse delle concessioni pubbliche venivano obbligatoriamente assegnate all'azienda e non alla persona che le gestiva. Ma, contro ogni evidenza, l'originale interpretazione della Camera veniva confermata anche nelle legislature successive e l'eleggibilità di Berlusconi veniva ammessa sulla base delle stesse considerazioni.

Il problema tuttavia restava, e diventava più pressante con il montare dell'opposizione alle molteplici e fortunate manovre del cavaliere per difendersi dalle molte accuse che gli venivano mosse e che per la loro tempistica assumevano un carattere distintamente politico.

Nel 1996 il senatore del Pds Stefano Passigli aveva proposto un disegno di legge che prevedeva che il titolare di un patrimonio eccedente una certa somma dovesse affidarlo in gestione a una apposita società indipendente. Era l'adozione del sistema cosiddetto del *blind trust*, vigente negli Stati Uniti nel momento in cui un cittadino decideva di concorrere a una carica pubblica.

Il progetto Passigli non era stato approvato, ma la questione veniva ripresa dallo stesso Berlusconi con la legge Frattini del luglio 2004 che prevedeva l'affidamento della gestione del proprio patrimonio «a una o più persone di fiducia» e all'art. 2 fissava l'incompatibilità tra cariche di governo e la presidenza di consigli di amministrazione. Una soluzione troppo generica per essere accettabile per l'opposizione. Il problema era di interesse europeo e il Parlamento di Bruxelles già nel novembre 2002 aveva deplorato che in Italia permanesse «una situazione di concentrazione del potere mediatico nelle mani del presidente del Consiglio, senza che sia stata adottata una normativa sul conflitto di interessi».

In effetti l'attenzione in Italia e in Europa era concentrata sulla crescente influenza di Berlusconi nel settore dei media dato che, oltre alla proprietà dei suoi tre canali, una volta eletto premier era in condizione di influenzare anche l'indirizzo delle tre reti pubbliche, ma il conflitto di interessi si allargava inevitabilmente ad altri settori, immobiliare, bancario, editoriale e perfino sportivo, in cui Berlusconi aveva presenze consistenti. Coloro che conducevano la battaglia sul conflitto di interessi sottolineavano come diverse leggi approvate dal Parlamento costituissero un evidente vantaggio per il cavaliere; era il caso dei numerosi condoni, quello fiscale previsto dalla finanziaria del 2003, il condono edilizio esteso alle aree protette, e di provvedimenti più generali ma direttamente o indirettamente sempre a vantaggio di Berlusconi, come la legge Tremonti per la detassazione del 50% degli utili reinvestiti, il cosiddetto decreto «salva calcio», che permetteva alle società calcistiche (come il Milan di cui Berlusconi era proprietario) di distribuire lungo un decennio nei bilanci della società la svalutazione dei cartellini dei calciatori, con forti risparmi e vantaggi fiscali, e infine, ma non solo, la riduzione delle aliquote fiscali per gli alti redditi. Tutte norme che hanno procurato a Berlusconi significative riduzioni su obblighi fiscali e contributivi e che è presumibile gli abbiano consentito, negli anni della sua attività politica, di consolidare la propria situazione finanziaria in modo consistente, accrescendo il patrimonio di ben tre volte (secondo la rivista americana «Forbes» che annualmente pubblica la classifica degli uomini più ricchi del mondo).

Il conflitto di interessi è solo un aspetto del più vasto problema della presenza di Berlusconi nella vita politica italiana. Il cavaliere arriva sulla scena con il peso di una serie di questioni giudiziarie ancora aperte (che secondo molti era la vera ragione del suo impegno politico), conseguenza di attività economiche e finanziarie complesse, ai limiti della legalità e con il sospetto che almeno alcune fossero fuori della legalità. Gli ampi consensi e il grande potere di cui disponeva come leader assoluto del maggior partito nazionale e premier, per ben quattro volte nell'arco di meno di un ventennio, gli avrebbero permesso di bloccare o di depotenziare le numerose offensive della magistratura nel quadro di un conflitto continuo che rischiava di paralizzare l'azione di governo.

In un paese come l'Italia dove l'azione legale è obbligatoria, la magistratura ha una naturale copertura per ogni tipo di azione giudiziale; si trova pertanto in una posizione di forza con pochi e indefiniti limiti alla propria azione. L'accanimento di cui Berlusconi si professa vittima fa parte di un'azione intrapresa da anni da alcuni settori della magistratura italiana, non solo contro il crimine, di qualsiasi natura, ma, specie a partire dagli episodi di Tangentopoli, anche nei confronti di obiettivi di carattere politico, legati all'etica per la quale la magistratura agisce ed è legittimata ad agire, quella della lotta alla corruzione e dell'uguaglianza di tutti i cittadini di fronte alla legge. Ma nell'azione della magistratura contro Berlusconi c'è anche la difesa del proprio status di fronte alla minaccia di una riforma che l'avrebbe privata di quei poteri politici che una parte di essa, pur minoritaria, intende esercitare e di quei privilegi di cui il Csm è tradizionalmente il più ostinato difensore.

Grazie alle sue ampie maggioranze politiche e alle sue personali risorse finanziarie, Berlusconi riuscirà per anni a contenere l'assalto della magistratura, in parte attraverso la modifica delle leggi a lui sfavorevoli, in parte grazie all'azione di numerosi e abili collegi di difesa e di avvocati che oltre a difenderlo, per obbligo professionale, quali membri del suo partito e della sua maggioranza parlamentare condividono le sue posizioni politiche.

## I processi di Berlusconi

Se è impressionante il numero dei processi ai quali Berlusconi è sottoposto nel corso di quasi un ventennio, sedici secondo le fonti ufficiali, ventiquattro secondo lo stesso Berlusconi, è altrettanto impressionante il numero di leggi e di provvedimenti che Berlusconi riesce a far approvare dal Parlamento a sua propria difesa. Tra i primi e più importanti processi sono quello per il lodo Mondadori, per corruzione dei giudici chiamati a risolvere il contrasto tra Berlusconi e l'ingegnere Carlo De Benedetti per la proprietà della casa editrice Mondadori; i processi All Iberian I e II, per il finanziamento illecito dei partiti il primo, per falso in bilancio aggravato il secondo; il processo Sme, settore agroalimentare dell'Iri acquistato da Berlusconi in collaborazione con altre ditte, per le tangenti versate ai giudici Verde e Squillante; il processo per la compravendita di diritti televisivi con fondi neri costituiti all'estero e con la corruzione dell'avvocato inglese David Mills (successivamente condannato a quattro anni e sei mesi) in cambio di testimonianze favorevoli a Berlusconi, risultate false.

Ma non mancheranno indagini e provvedimenti per materie come traffico di droga, per le stragi di mafia del 1992 e 1993, quelle degli attentati a Falcone e Borsellino e delle bombe di Firenze e di Roma, nonché quella di concorso esterno in associazione mafiosa; il tema degli ipotetici rapporti tra Berlusconi e la mafia farà scorrere fiumi di inchiostro e ispirerà perfino un film: *Il Caimano*.

In nessuno di questi processi Berlusconi verrà condannato. Quelli sul lodo Mondadori e All Iberian I verranno chiusi per intervenuta prescrizione; altri, come il processo per falsa testimonianza a proposito della sua partecipazione alla loggia P2 (di cui Berlusconi asseriva di non conoscere la data dell'associazione e di non aver pagato le relative quote), e quello per il falso in bilancio relativo all'acquisto di terreni a Macherio, un comune della Brianza, dove Berlusconi possedeva una delle sue ville, verranno archiviati per sopravvenuta amnistia. Altri ancora, come All Iberian II, il processo Sme e nuovamente quello per l'acquisto dei terreni a Macherio, ma questa volta con l'accusa di appropriazione indebita, frode fiscale e falso in bilancio, verranno conclusi con sentenze di assoluzione. Molti sono i procedimenti archiviati per mancanza di prove e inconsistenza del quadro indiziario. È il caso delle stragi del 1992-1993, del concorso esterno in associazione mafiosa per il quale verrà imputato e condannato l'amico di una vita, Marcello Dell'Utri, e dell'accusa di riciclaggio di denaro sporco.

Nonostante le amnistie, le prescrizioni, le archiviazioni, ci sarà sempre, durante tutti gli anni della sua presenza sulla scena politica, un processo in corso che, costringendo Berlusconi a difendersi e mettendo in moto tutta una serie di azioni e reazioni, in difesa e in accusa, che vedranno mobilitati partiti, stampa e opinione pubblica, sia nazionali sia spesso anche estere, influirà pesantemente sul normale svolgimento della vita politica del paese.

Il numero delle iniziative legislative intraprese e concluse per la difesa del premier negli anni del suo secondo mandato è anch'esso impressionante e testimonia della quantità di tempo dedicato dai due rami del Parlamento a difendere il premier dagli assalti della magistratura.

Nel 2001 veniva approvata la legge sulle rogatorie che ritardava e limitava l'invio di prove da paesi esteri relativi a presunte illegalità commesse all'estero da Berlusconi e da personaggi coinvolti nei suoi processi.

Suscitava proteste ufficiali e ufficiose a livello della Commissione UE, del Parlamento e dell'opinione pubblica europea, la mancata ratifica (2001), ma solo in relazione ai reati finanziari, del mandato di cattura europeo, in forza del quale Berlusconi avrebbe potuto essere arrestato su richiesta dei giudici spagnoli per le vicende relative a Telecinco, il canale televisivo posseduto da lui in Spagna.

Seguiva nel 2002 la depenalizzazione del falso in bilancio che permetteva a Berlusconi di essere assolto nel processo All Iberian II «perché il fatto non è più previsto come reato, in seguito ai provvedimenti legislativi del governo».

La legge Cirami del 2002 permetteva ai legali del cavaliere di spostare altrove il processo per «legittima suspicione» sull'imparzialità del giudice.

E ancora il lodo Maccanico, ribattezzato lodo Schifani e successivamente lodo Berlusconi, proposto per evitare che durante il semestre di presidenza italiana dell'UE Berlusconi potesse essere raggiunto da una condanna della magistratura, ma poi esteso all'intero mandato. Il testo della legge prevedeva l'esclusione da processi penali per qualsiasi reato «riguardante fatti antecedenti l'assunzione della carica e della funzione fino alla cessazione delle medesime, per il presidente della Repubblica, il presidente del Senato, il presidente della Camera, il presidente del Consiglio dei ministri, il presidente della Corte costituzionale». Sottoposto al giudizio della Corte costituzionale il lodo Schifani veniva annullato con sentenza del gennaio 2004, ma nel frattempo aveva svolto la sua funzione protettiva. La legge ex Cirielli (2005), meglio conosciuta come legge «salva-Previti» (quest'ultimo era stato condannato per corruzione nella causa sul lodo), introduceva una riduzione dei termini di prescrizione per gli incensurati e prevedeva gli arresti domiciliari per gli ultrasettantenni.

La lista si allungava nel quarto governo Berlusconi con il lodo Alfano (2008), anch'esso a garanzia di impunità per le alte cariche dello stato e anch'esso, come il lodo Schifani, bocciato dalla Corte costituzionale, e il legittimo impedimento (2010) che permetteva il rinvio dei processi con la giustificazione del rifiuto a comparire per «le attività coessenziali all'azione di governo».

È stato osservato da molti, anche sostenitori dello stesso presidente del Consiglio, che solo la sua accettazione a farsi giudicare avrebbe potuto, se non interrompere l'azione della magistratura, consentire una tregua nel conflitto e l'ottenimento di quei riconoscimenti da parte dell'opinione pubblica, nazionale e internazionale che gli erano mancati fino ad allora. Ma il conflitto tra Berlusconi e la magistratura era entrato a far parte dell'azione politica di Forza Italia e in genere di tutta la destra.

Un'apertura verso le «toghe rosse», secondo la definizione più frequentemente usata dal cavaliere in riferimento ai giudici che gli erano ostili, avrebbe compromesso la campagna ideologica da lui condotta contro le sinistre passate e presenti. Dalla contrapposizione con una magistratura che per la sua inefficienza e la difesa dei suoi privilegi godeva di scarso credito nel paese e che in alcune delle sue organizzazioni associative era sospetta di politicizzazione, Berlusconi traeva una parte del suo consenso presso il proprio elettorato. D'altra parte anche la magistratura, alla quale uno dei suoi più noti esponenti, Saverio Borrelli, già procuratore di Milano e ispiratore del gruppo di Mani pulite, al momento del pensionamento aveva affidato la consegna «resistere, resistere, resistere», aveva interesse a irrigidirsi e a rispondere a Berlusconi con nuove accuse e nuovi processi per difendere l'influenza e il potere conquistati e che la Costituzione le garantiva solo in parte.

Il paese, al centro di questi nuovi e opposti estremismi, era a sua volta diviso tra sostenitori e detrattori dell'una e dell'altra parte, mentre urgevano problemi nazionali di ben altra natura e dimensione in uno dei momenti più difficili della sua storia.


## Le riforme del Berlusconi II: la Bossi-Fini e la legge Biagi

Tra la seconda metà del 2002 e la prima del 2003 venivano discusse e approvate una serie di importanti riforme che saranno presentate dalla propaganda filogovernativa come i fiori all'occhiello del secondo governo Berlusconi.

La prima era la legge Bossi-Fini sull'immigrazione, varata nel luglio 2002 dopo una difficile gestazione, che modificava la legge Turco-Napolitano del 1998 sulla stessa materia. La nuova legge prevedeva il rilascio di permessi di soggiorno sul territorio nazionale per coloro che potevano dimostrare di svolgere una attività lavorativa sufficiente al proprio mantenimento, nonché per gli aventi diritto all'asilo, e disponeva che gli immigrati clandestini privi di documenti validi venissero trasferiti presso i centri di permanenza temporanea istituiti a suo tempo dalla legge Turco-Napolitano, identificati e successivamente espulsi, con una pena da uno a quattro anni di detenzione per chi non rispettava i decreti di espulsione, fosse rimasto illegalmente sul territorio nazionale o avesse tentato di rientrarvi, nel qual caso scattava l'aggravio del reato penale. Inoltre la legge ammetteva i «respingimenti» al paese di origine in acque extraterritoriali, previo accordo di cooperazione con le polizie dei paesi vicini. Venivano poi allungati i termini per la richiesta del permesso di soggiorno e il periodo di residenza necessario per ottenerlo.

La legge, che inaspriva, e non di poco, i provvedimenti antimmigrazione e sostanzialmente (anche se il testo non lo menzionava esplicitamente) creava un nuovo reato penale, quello di immigrazione clandestina, rifletteva le posizioni della Lega e gli impegni presi da Bossi durante la campagna elettorale. Susciterà le forti critiche delle opposizioni, il malcontento dell'imprenditoria, costretta a garantire l'esistenza del posto di lavoro, nonché l'alloggio e le spese di viaggio, e la contrarietà del mondo cattolico. Va tuttavia aggiunto che l'applicazione della legge si rivelerà più «morbida» di quanto il testo della medesima non facesse prevedere. Inasprirà, rendendola più pesante sia per gli interessati che per gli agenti di polizia, la procedura del rinnovo dei permessi di soggiorno, ma pratiche come il respingimento in mare da parte della marina militare non verranno mai attuate, anche per il conflitto con i principi del diritto marittimo internazionale.

Ben più incisiva sulla materia oggetto della riforma fu la legge Biagi, del febbraio 2003, sul tema dei contratti di lavoro, che innovava profondamente i rapporti tra datore di lavoro e lavoratori, sì da giustificare la definizione di «nuovo statuto dei lavoratori».

La legge prendeva il suo nome da Marco Biagi, studioso e docente di diritto del lavoro assassinato dalle

Brigate rosse a Bologna il 19 marzo 2002 proprio per la sua attività di consulenza sulla legge che avrebbe portato il suo nome. Dopo Ezio Tarantelli e Massimo D'Antona, Biagi era la terza vittima di una concezione aberrante della lotta sindacale. La legge Biagi adottava il principio di flessibilità per l'ingresso nel mercato del lavoro in sostituzione di quello di massima protezione del posto di lavoro, garantito dall'articolo 18 dello Statuto dei lavoratori, e pertanto introduceva una serie di forme contrattuali nuove, tra le quali il contratto di lavoro ripartito, quello di lavoro intermittente, il contratto di lavoro a chiamata; inoltre creava la Borsa nazionale del lavoro, come punto di riferimento e di incontro tra domanda e offerta.

La nuova legge accoglieva le richieste ripetutamente avanzate da Confindustria di modificare la regolamentazione del licenziamento, ma anche il principio sostenuto da vari economisti che una troppo rigorosa difesa del posto di lavoro produceva conseguenze negative sull'occupazione.

In altre parole una più facile facoltà di licenziamento da parte del datore di lavoro poteva indurlo ad assumere più largamente; del resto, nuovi contratti più flessibili erano già stati introdotti durante i governi di centrosinistra con il «pacchetto Treu» (dal nome dell'allora ministro del Lavoro). Lo stretto rapporto, almeno inizialmente, tra Confindustria e governo e la lunga esperienza manageriale di Berlusconi rendevano naturale l'impegno di quest'ultimo a favore di un'accresciuta flessibilizzazione degli ingressi nel mondo del lavoro, soprattutto da parte delle nuove leve.

Nei primi anni, dopo l'approvazione della legge, il numero dei disoccupati si riduceva in modo sostanziale tornando ai livelli del 1992, ma una delle sue conseguenze, del resto prevista, era l'aumento del precariato che inevitabilmente poneva il dipendente in una posizione di debolezza contrattuale con la controparte. Inoltre i versamenti pensionistici da parte del datore di lavoro, ridotti in rapporto alla natura del contratto, avrebbero nel tempo creato una pensione sensibilmente ridotta per il lavoratore, rendendo indispensabili fondi pensionistici integrativi. Ma la critica più diffusa era che la legge Biagi avrebbe dovuto essere accompagnata da una riforma degli ammortizzatori sociali che introducesse un sussidio di disoccupazione generalizzato, attualmente non previsto dalla legislazione sociale italiana, ma largamente diffuso negli altri paesi europei.

In parallelo con la legge Biagi sorgeva il problema della riforma dell'articolo 18 dello Statuto dei lavoratori, oggetto di periodici dibattiti anche in passato. Nel luglio 2002 il governo Berlusconi raggiungeva un accordo («Patto per l'Italia») con Cisl e Uil per una sperimentazione di tre anni, durante i quali l'articolo 18 non sarebbe stato applicato alle imprese meridionali cresciute oltre i 15 dipendenti. Era un tentativo di rilanciare l'occupazione nel sud, inducendo le aziende ad assumere più liberamente, dato che da molti proprio l'articolo 18 era considerato un ostacolo all'allargamento delle aziende. La Cgil condannava il patto e sosteneva il movimento referendario che si era creato sulla riforma dell'articolo 18 e ne chiedeva l'allargamento a tutte le aziende. Il 15 e il 16 giugno 2003 si teneva il referendum sull'estensione a tutti i lavoratori, a prescindere dalle dimensioni aziendali, del diritto di reintegro in caso di licenziamenti senza giusta causa che l'articolo 18 prevedeva solo per i lavoratori delle aziende con più di 15 dipendenti.

La maggioranza favorevole all'estensione dell'articolo 18 era schiacciante, l'87,4% dei votanti, ma il referendum non scattava perché il *quorum* del 50% necessario alla validità non veniva raggiunto. Mentre i partiti di governo erano contrari al referendum e Berlusconi aveva suggerito agli italiani di andare al mare, l'opposizione si spaccava. Favorevoli all'astensione erano i due maggiori partiti dell'Ulivo, DS e Margherita; favorevole al sì il correntone dei DS, i Verdi, i Comunisti italiani e Rifondazione. Favorevole la Cgil e in particolare la Fiom, contrarie la Cisl e la Uil. Era la rottura del fronte sindacale destinata a confermarsi negli anni successivi.

Un'ulteriore penalizzazione sul piano sociale verrà con una nuova riforma delle pensioni; dopo quella attuata nelle strutture principali dal governo Dini, il governo Berlusconi approvava ulteriori limitazioni: pensione di anzianità ai sessantenni solo dopo il versamento di trentacinque anni di contributi o a qualsiasi età con quarant'anni di contributi. Ma a coloro che, pur avendo maturato l'età del pensionamento, avessero deciso di restare al lavoro veniva offerto un bonus pari al 32% dello stipendio.

## La riforma della scuola e delle istituzioni

La stagione delle riforme annunziata da Berlusconi per il 2003 continuava con l'approvazione, il 28 marzo, della riforma Moratti del sistema scolastico.

La legge abrogava la riforma Berlinguer del 1997 (la stessa sorte sarebbe toccata nel 2006 alla riforma Moratti con il ritorno a Palazzo Chigi del centrosinistra) e prevedeva una vasta riorganizzazione dei programmi di studio. Nella scuola elementare, ribattezzata primaria (5 anni), venivano introdotti fin dai primi anni l'insegnamento di una lingua straniera e l'uso del computer; era prevista una valutazione biennale del profitto di ciascun alunno e l'abolizione del vecchio esame della quinta elementare.

Ma la più evidente novità era una diversa strutturazione delle materie di studio. Per la storia veniva sviluppato soprattutto lo studio delle epoche preistoriche e di quella antica, mentre per quella contemporanea ci si sarebbe limitati a dare all'alunno «una concezione del tempo in generale e del proprio».

Per la geografia si puntava a una conoscenza approfondita dei paesaggi e delle regioni, e per le scienze allo studio del corpo umano e del mondo animale.

Alla scuola primaria seguiva la scuola secondaria di primo grado (3 anni), con l'esame di stato al terzo anno propedeutico alla scuola secondaria di secondo grado (sostituiva la vecchia scuola media superiore) per un totale di cinque anni; era qui che si introducevano i cambiamenti più significativi, con la netta distinzione tra i curricoli classico, tecnico e professionale. Per il classico erano previste specializzazioni nel settore artistico, linguistico e musicale; per quello tecnico in elettronica, meccanica e grafica, minerali e biotecnologia. L'indirizzo professionale si articolava in servizi, industria e artigianato, con periodi di alternanza tra scuola e lavoro.

Tutta la riforma era improntata al superamento degli studi classici tradizionali e alla loro sostituzione con insegnamenti di carattere tecnico professionale che riflettevano le richieste del mondo del lavoro e le esigenze di una moderna società industriale. Il passaggio dai vecchi ai nuovi programmi appariva tuttavia troppo brusco e poneva il problema di un profondo rinnovamento della classe docente, per il quale non sembravano potersi realizzare a breve termine le condizioni. Per questo motivo la riforma avrebbe incontrato la netta opposizione del mondo della scuola che si sentiva culturalmente impreparato ai nuovi compiti.

Concludeva la serie delle riforme la legge Gasparri sulla televisione. Presentata dal ministro delle Comunicazioni, la legge veniva approvata dal Parlamento il 2 dicembre 2003, ma, rimandata alle Camere dal presidente Ciampi per alcuni vizi di forma e di sostanza, sarebbe stata licenziata definitivamente il 29 aprile 2004.

Essa prevedeva:

1. limiti al cumulo dei programmi e alla raccolta della pubblicità;

2. definizione del Sic (Sistema Integrato delle Comunicazioni) che comprende stampa quotidiana periodica, editoria, radio e televisione, cinema e pubblicità;

3. secondo la legge gli operatori del settore non avrebbero potuto conseguire né direttamente né attraverso soggetti controllati ricavi superiori al 20% dei ricavi complessivi del sistema integrato delle telecomunicazioni (presumibilmente valutato in 25 miliardi). Prima il limite era fissato al 30% (legge Maccanico) ma i ricavi complessivi erano valutati a 12 miliardi;

4. passaggio dall'analogico al digitale terrestre da realizzare entro il 31 dicembre 2006.

La legge Gasparri sollevava una serie di critiche; favoriva la pubblicità televisiva a scapito di quella sulla stampa, precostituiva evidenti vantaggi per Mediaset, l'azienda di Berlusconi, e ignorava completamente i diritti dell'utenza.

Anche la legge Castelli sulla riforma della Giustizia veniva rinviata alle Camere dal presidente Ciampi per «motivi di palese incostituzionalità», ma alcuni mesi dopo, il

20 luglio 2005, veniva approvata dal Parlamento in via definitiva. La riforma consisteva in una legge che impegnava il governo a emanare entro 5 anni in un testo unico una serie di disposizioni in materia di ordinamento giudiziario attuando la separazione delle funzioni, quella accusatoria del pubblico ministero da quella del giudice (in origine era prevista la separazione delle carriere, uno dei temi più insistentemente sostenuti da Forza Italia, ma bocciato da Ciampi come incostituzionale), la selezione e formazione del personale con l'istituzione della Scuola superiore della magistratura, le procedure disciplinari e le norme per la carriera dei magistrati con la proibizione della militanza nei partiti.

Dopo il ritorno al governo del centrosinistra la riforma veniva superata dal decreto Mastella 2006-2007 che moderava le misure disciplinari. Prevedeva un diverso assetto delle procure attenuando i poteri del procuratore capo rispetto a quelli quasi assoluti previsti dalla legge Castelli e permettendo al sostituto procuratore di appellarsi al Csm contro le decisioni della procura generale. Un ulteriore disegno di legge Mastella annullava la separazione delle funzioni e prevedeva che il cambiamento del ruolo tra funzione accusatoria e giudicante sarebbe potuto avvenire solo quattro volte nel corso della carriera e ogni cinque anni.

Un ulteriore conflitto tra il governo e il presidente della Repubblica sul dibattutissimo tema della giustizia nasceva sulla concessione della grazia, sollevato in rapporto ai casi di Ovidio Bompressi e di Adriano Sofri, condannati per il delitto del commissario Calabresi, vittima nel maggio 1972 del terrorismo. Ciampi sosteneva che l'esercizio della grazia fosse prerogativa esclusivamente presidenziale, mentre secondo Castelli ogni decisione in materia di clemenza richiedeva l'assenso del ministro della Giustizia. Il presidente della Repubblica sollevava il conflitto di attribuzione e citava il ministro di fronte alla Corte costituzionale, che gli dava ragione.

Il coronamento di un processo riformista tanto ampio quanto poco incisivo arrivava nel marzo 2004 con la riforma costituzionale, che era stata uno dei temi principali del programma del centrodestra, come del resto era stata per il centrosinistra, con la Bicamerale di D'Alema.

Già alla fine del 2001 era nato, per iniziativa di Umberto Bossi, ministro delle Riforme istituzionali e della Devoluzione, un progetto di legge che realizzava almeno in parte la devoluzione con l'assegnazione alle regioni della «competenza legislativa esclusiva» in una serie di materie: assistenza sanitaria, organizzazione scolastica (che comprendeva la formulazione dei programmi di interesse regionale) e polizia locale. Era una concessione alla Lega che si sarebbe rivelata particolarmente utile al partito di Bossi nella campagna elettorale per le amministrative.

Il dibattito sui rapporti tra regioni e governo centrale continuava, e le concessioni alle regioni venivano riequilibrate con i riconoscimenti dei poteri di competenza statale in materia di reti di trasporto, di problemi energetici e di principi generali per la tutela della salute. Continuava e si intensificava il dibattito sugli organi istituzionali, con particolare attenzione al progetto di un Parlamento federale in cui avrebbe dovuto trasformarsi il Senato e ai poteri del presidente del Consiglio.

Il compito di formulare precise proposte per la riforma istituzionale veniva affidato a un gruppo di «saggi» che, nell'agosto del 2003, si riuniva in una località di montagna del Cadore e in pochi giorni preparava il progetto che sarebbe stato approvato dal governo e, tra il 2003 e l'estate del 2004, dalle due Camere.

La riforma prevedeva la trasformazione del Senato in Camera delle regioni o Parlamento federale e la riduzione dei membri di ambedue le Camere (i deputati da 630 a 518 e i senatori da 315 a 252). Non meno incisiva la riforma sulle attribuzioni del premier: nella discussione sui problemi dell'esecutivo era stato abbandonato il modello presidenziale a favore di un premierato i cui poteri erano analoghi a quelli del cancelliere tedesco. Al primo ministro (dizione preferita a quella di presidente del Consiglio) venivano attribuiti il potere di nominare e revocare i membri del Consiglio dei ministri e di formulare gli indirizzi generali del governo. Del primo ministro non era prevista l'elezione diretta ma il sistema elettorale avrebbe dovuto prevedere «la formazione di una maggioranza collegata alla carica di primo ministro» e la nomina a primo ministro del leader della maggioranza vincente. Al primo ministro veniva riconosciuto il potere di sciogliere le Camere, ma in seguito all'approvazione di una mozione di sfiducia avrebbe dovuto dimettersi con il ricorso automatico a nuove elezioni.

Altri aspetti della riforma erano la riduzione dei poteri del presidente della Repubblica, a cui veniva sottratta la facoltà di scegliere il presidente del Consiglio, nonché quella di sciogliere le Camere, e una diversa organizzazione della Corte costituzionale.

Alcune di queste clausole non erano dissimili da quelle sostenute da esponenti del centrosinistra (Tonini, Morando) e altre, come la facoltà del premier di sciogliere il Parlamento, erano addirittura previste dall'ultima Bicamerale; ma il conflitto tra il centrosinistra e il governo era ormai aperto e irriconciliabile, e ogni tentativo di convergenza sulla riforma costituzionale era destinato a fallire. E infatti l'opposizione del centrosinistra al progetto di riforma sarà netta ed escluderà ogni dialogo.

Per il progetto di riforma istituzionale era una condanna implicita, e in effetti dopo il ritorno al governo di Prodi la riforma costituzionale del centrodestra verrà affossata dal referendum popolare. Così, almeno sul piano istituzionale, il passaggio alla seconda Repubblica veniva rinviato *sine die*.

# CAPITOLO SETTIMO

# I PARTITI DELLA SECONDA REPUBBLICA

## Il centrosinistra

Le conseguenze della sconfitta elettorale del maggio 2001 peseranno a lungo sui partiti del centrosinistra e sulla loro capacità di reazione. L'insolita ampiezza della maggioranza che, grazie alle caratteristiche della legge elettorale, si trova con cento seggi di vantaggio alla Camera e cinquanta al Senato sembra scoraggiare ogni efficace opposizione.

La netta vittoria di Forza Italia accresce il pessimismo all'interno del centrosinistra e il livello di litigiosità tra i leader, come nel caso dello scontro tra Cofferati e D'Alema, con il primo che rinfaccia al secondo i molti errori commessi (la Bicamerale, la successione al governo al posto di Prodi, atteggiamenti antisindacali).

Una prima scossa che trarrà, almeno in parte, i partiti del centrosinistra da una condizione di passività e di rassegnazione arriverà all'inizio del 2002 da una serie di iniziative spontanee da parte «del popolo della sinistra», prima con la manifestazione di un gruppo di professori universitari, guidata da Pancho Pardi, a Firenze, e poi con quella organizzata a Piazza Navona da Nando Dalla Chiesa, nel corso della quale il regista Nanni Moretti, indicando i Fassino, i Rutelli e i D'Alema sul palco insieme a lui, afferma «con questi dirigenti non vinceremo mai».

È un segnale che mette in guardia la dirigenza della sinistra dal rischio di essere travolta dalle iniziative della base; è il momento dei «girotondi», il nuovo modello di manifestazione politica che si svolge nelle piazze o davanti alle sedi delle istituzioni.

D'Alema viene nuovamente contestato a Firenze nel corso di una riunione sui temi della giustizia e della riforma istituzionale. Ai primi di marzo, a Roma, si svolge una grande manifestazione contro il governo, seguita da una serie di girotondi nella capitale e a Milano: questa volta gli obiettivi sono la Rai e la riforma Gasparri, di cui si comincia a parlare (il disegno di legge relativo viene presentato nel settembre). Il culmine delle manifestazioni popolari viene raggiunto con lo sciopero generale unitario del 16 aprile.

A restituire fiducia al centrosinistra verranno soprattutto i buoni risultati delle elezioni amministrative, a cominciare da quelle del maggio-giugno 2002, dove il centrosinistra conquista nove province contro le due del Polo. In termini di voti, DS e Margherita perdono, rispetto alle politiche del 2001, 72.093 voti (-20,1%) e 94.695 voti (-39,4%), ma Forza Italia ne perde 213.000 (-39,9%), la Lega Nord 22.350 (-35,1%) e Alleanza nazionale 71.515 (-30,2%). Solo l'Udc, la nuova formazione di centro, nata dalla fusione tra Ccd, Cdu e Democrazia europea (che verrà proclamata ufficialmente il 6 dicembre 2002), guadagna 8.551 voti (+9,9%). Il confronto tra due elezioni così diverse ha i suoi limiti, ma tuttavia dimostra che il trend stava cambiando a favore del centrosinistra. A conferma, l'anno dopo, una nuova consultazione amministrativa (maggio 2003) che porta alle urne quasi dodici milioni di elettori vede il centrosinistra conquistare la regione Friuli-Venezia Giulia (presidente Riccardo Illy) e la provincia di Roma. All'interno della coalizione crescono i DS dal 14 al 16,6% e scende la Margherita dal 16,2 al 9,7%. Il centrodestra vince a Palermo, ma Lega, Alleanza nazionale e specialmente Forza Italia perdono dappertutto e talvolta in modo vistoso. Un anno dopo, il 13 giugno, un test più importante: quello delle elezioni per il Parlamento europeo, e abbinata a esse una nuova tornata di elezioni amministrative. Per le elezioni europee DS e Margherita, i socialisti democratici dello Sdi e i repubblicani europei si presentano insieme nella lista Uniti per l'Ulivo. È un primo esperimento di aggregazione che avrà un seguito. Dei 78 seggi di cui l'Italia dispone nel Parlamento di Bruxelles, 37 vanno al centrosinistra e 36 al centrodestra (dei restanti, 5 vanno alla lista Bonino, uno ciascuno alle due liste di estrema destra, lista Mussolini e Fiamma tricolore, uno ai pensionati). Sembra un risultato alla pari, ma all'interno del centrodestra Forza Italia con il 21% perde otto punti rispetto alle politiche del 2001 (29,4%) e torna alla percentuale del 1996 (20,6%). Berlusconi, presentatosi come capolista in tutte le circoscrizioni, perde centinaia di migliaia di preferenze. Dai risultati delle amministrative la posizione del centrodestra esce ancor più compromessa. Al centrosinistra vanno la regione Sardegna e i comuni di Padova e Bologna, l'Ulivo conquista 70 province su 103. A meno di due anni dalla fine della legislatura, Berlusconi appare in difficoltà e per l'Ulivo si aprono le prospettive di una rimonta. È il momento per i partiti di darsi un assetto che li prepari a sostenere le prove del confronto elettorale.

Sul versante del centrosinistra i DS, con Fassino segretario, dopo la sconfitta del correntone sembrano essere riusciti a ristabilire una certa omogeneità interna; la Margherita invece non riuscirà a difendere l'ottimo risultato delle elezioni del 2001 e dopo le due tornate amministrative si ritroverà con una percentuale elettorale quasi dimezzata. Ma sotto la spinta di Prodi, che da Bruxelles segue molto da vicino le vicende italiane (suscitando le critiche della stampa inglese), comincia a delinearsi la strategia dei partiti di opposizione in vista delle politiche del 2006. Appare sempre più chiaro che le possibilità del centrosinistra di tornare al governo sono legate a due condizioni: quella della creazione di una grande alleanza che si estenda dall'Udeur di Mastella, che resta in una posizione di frontiera tra le due coalizioni, fino a Rifondazione, e la necessità di un leader che possa opporsi a Berlusconi in un confronto politico fortemente personalizzato. La prima condizione si realizza con la creazione della Gad (Grande alleanza democratica) nell'ottobre 2004, che si svolge in due fasi: la prima è l'accordo tra i DS, la Margherita e i socialisti democratici dello Sdi per la lista .comune alle elezioni europee del giugno 2004; la seconda vede l'aggregazione alla coalizione delle ali estreme dell'Udeur al centro e di Rifondazione a sinistra. La grande alleanza comprende una decina di formazioni politiche. Insieme ai DS, Democrazia e libertà (la Margherita), Rifondazione comunista, l'Italia dei valori, che fin dall'inizio seguirà una linea relativamente autonoma all'interno della coalizione, Socialisti democratici italiani, Federazione dei verdi, Movimento repubblicani europei e Partito dei comunisti italiani. Il processo si svolgerà faticosamente tra il 2002 e il 2004; Franco Marini, che ne sarà uno dei protagonisti, parlerà di un incubo. Vi si opporrà in una prima fase l'Udeur, che rifiuterà di entrare nella Margherita al momento della sua costituzione a Parma, nel marzo del 2002; ma anche all'interno della Margherita non mancheranno le perplessità, soprattutto da parte delle correnti di minoranza, nei confronti dell'incontro con i DS, di cui si temono la maggior coesione e la tradizionale forza organizzativa, che non sono più quelle del vecchio Pci ma che fanno dei DS l'unico partito che conservi le strutture di una forza politica di massa presente su tutto il territorio nazionale, anche se non più con la stessa capillarità del passato.

Il risultato sostanzialmente positivo delle elezioni europee, il ritorno di Prodi alla fine del 2004 e la vittoria elettorale alle regionali del 2005, con il centrosinistra vincente in undici regioni (contro Veneto e Lombardia al centrodestra) sono tutti fattori aggreganti per il centrosinistra, che troverà un ulteriore elemento di coesione in una comune posizione sull'Iraq, favorevole al ritiro del contingente italiano, con la decisione di votare, alla fine di febbraio, contro il rifinanziamento della missione italiana. L'ultimo atto nella creazione della Gad, trasformatasi successivamente in Federazione dei partiti di centrosinistra, saranno le primarie che, nell'ottobre 2005, segneranno la consacrazione di Prodi quale leader della coalizione con il 74,1% dei voti, mentre il 14,6% andrà a Bertinotti e il 4,4% a Mastella. La massiccia partecipazione alle primarie, più di quattro milioni di votanti, è il segnale dell'avvenuta riconciliazione tra il popolo della sinistra e i vertici dei partiti, riconciliazione temporanea ma che tuttavia per la sinistra costituisce un viatico per le elezioni del 2006.

Alle prospettive favorevoli del centrosinistra contribuivano anche le difficoltà emerse nel centrodestra e più in generale la politica del governo, che stava perdendo lo slancio mostrato della prima fase, proprio mentre si avvicinava il test elettorale.

Anche nel centrodestra si manifesta una tendenza verso una forma di unione che andrà al di là di una semplice coalizione, con un processo complesso quanto quello del centrosinistra. In realtà all'interno del centrodestra, in questa fase, sembrano prevalere tendenze centrifughe: è l'effetto dell'egemonia berlusconiana che, pur nel generale riconoscimento dell'insostituibilità del leader, comincia a pesare sugli altri membri dell'alleanza, in particolare su Alleanza nazionale, sull'Udc e sui loro leader, Gianfranco Fini e Marco Follini (al quale è affidata la segreteria, mentre Pierferdinando Casini, alla presidenza della Camera, è costretto a una posizione *super partes*). Il segretario dell'Udc sarà il primo leader politico a rompere con Berlusconi; c'è tra i due una profonda differenza di formazione e di concezioni politiche, ma tra Udc e Forza Italia c'è soprattutto una comunanza di elettorato. L'Udc rappresenta al sud gli stessi ceti e le stesse istanze, fatte le debite differenze culturali, dell'elettorato berlusconiano nel nord e nel centro. Data la superiorità di mezzi di Forza Italia e l'attrazione carismatica del suo leader, il segretario dell'Udc avverte che la forza del partito di Berlusconi costituisce un serio ostacolo alla crescita dell'Udc. Prima come suo segretario e poi come vicepresidente del Consiglio (dal dicembre 2004 all'aprile 2005), Follini conduce una contestazione, talvolta surrettizia, più spesso apertamente dichiarata, alla politica di Berlusconi.

Dopo le elezioni per il Parlamento europeo, in cui l'Udc riporta un buon risultato (5,9%), e quelle regionali del 2005, Follini chiede un profondo rinnovamento nella coalizione di governo e successivamente nuove elezioni.

Meno diretto in questa fase e più graduale è lo scontro personale e politico tra Berlusconi e Gianfranco Fini, e tra Forza Italia e una parte di Alleanza nazionale. Fini appare sempre più insofferente della leadership di Berlusconi; lo preoccupa il forte legame tra il cavaliere e la Lega di Bossi che pone in seconda linea Alleanza nazionale, ma anche la crescente attrazione esercitata da Forza Italia su di una parte di Alleanza nazionale e in particolare sui suoi vertici.

I cosiddetti «colonnelli» che hanno sostenuto Fini nella sua ascesa alla leadership del partito sono sempre più critici della sua gestione autoritaria. All'interno di Alleanza nazionale emergono ormai chiaramente correnti e posizioni non sempre conciliabili con la linea del leader: la destra di Storace, presidente della regione Lazio fino al 2005, la sinistra sociale di Alemanno, ministro per le politiche agricole, e un centro costituito da Matteoli, Gasparri e La Russa, il più critico nei confronti della forte leadership di Fini.

Nel tentativo di rafforzare la sua posizione personale e quella di AN all'interno del governo, Fini attaccherà Giulio Tremonti, accusandolo di trascurare il dialogo con le parti sociali. Tremonti, sostenuto dalla Lega e da Berlusconi, è sempre più il vero e unico autore della politica finanziaria del governo. Gli si riconoscono abilità e intelligenza nel predisporre misure di «finanza creativa», ma gli alleati di governo criticano la sua politica accentratrice. In particolare Fini chiede, senza ottenerla, la divisione del ministero dell'Economia in Finanze e Tesoro, e continuerà ad attaccare Tremonti, accusato di truccare i conti pubblici, fino a provocarne le dimissioni nel luglio del 2004. Dopo un breve *interim* di Berlusconi, a guidare il ministero dell'Economia viene chiamato Domenico Siniscalco, un economista vicino a Tremonti, che ne continuerà la politica. Dopo le elezioni europee Fini si sente più forte e chiede a Berlusconi una «significativa inversione di tendenza». In realtà il leader di AN sa che i limiti di bilancio, specie dopo il declassamento della situazione finanziaria da AA a AA- decisa nel luglio da Standard & Poors, costringono l'Italia a una politica di forte riduzione della spesa e renderebbero avventurosa la riforma fiscale promessa da Berlusconi. Il compromesso, di tutt'altra natura, arriva in novembre. Frattini lascia la Farnesina per la Commissione Europea e Fini viene nominato ministro degli Esteri, una carica da tempo ricercata dal leader di AN, ansioso di accreditarsi sul piano internazionale.

L'anno si chiude con una sostanziale tenuta del governo. Berlusconi, che in maggio ha riconfermato la sua leadership al secondo congresso di Forza Italia, è riuscito a contenere la contestazione di Follini con la nomina a vicepresidente del Consiglio e, dopo l'ictus che ha colto Umberto Bossi in marzo, ha rafforzato i legami con la Lega. Giulio Tremonti, che si qualifica sempre di più come uomo vicino alla Lega, rientrerà nel governo nel settembre del 2005, alla vigilia delle elezioni, segno che il problema più pressante per il governo è quello economico; l'economia va male e il paese, Confindustria e la Commissione europea gliene chiedono conto.

## Il paese non cresce

Per i paesi dell'Unione europea il 2000 è l'ultimo anno di crescita sostenuta con il 3,7%. Poi il Pil scende all'1,3% e allo 0,6%. Sono soprattutto i maggiori paesi industriali, Germania, Francia, Italia, a pagare il costo della crisi, con produzioni industriali ed esportazioni ridotte, mentre in questa fase crescono ancora le economie minori, Spagna, Svezia, Olanda e Portogallo.

L'Italia fra i paesi dell'Unione è quella che presenta la situazione più compromessa. Negli anni dal 2001 al 2005 la crescita si arresta; è a +0,4% nel 2002, a +0,3% nel 2003, risale a +1,2% nel 2004 per precipitare a zero nel 2005. La quota italiana sulle esportazioni mondiali passa dal 4,8% del 1996 al 3,8% del 2004, e secondo l'Istat la bilancia commerciale registra nel 2005 il suo peggior risultato dal 1992. Cresce il debito pubblico al 3,6% nel 2004 e al 4,6% nel 2005. Solo la disoccupazione tende a diminuire, dall'8% del 2004 al 7,7% dell'anno successivo. È l'effetto della legge Biagi, ma ora gran parte dei nuovi posti di lavoro sono precari. Competitività e produttività sono ai minimi storici e nel 2006 il World Economic Forum colloca l'Italia al 42° posto nella classifica mondiale. Aumenta la popolazione dalle 56.995.744 unità del 2001 alle 58.462.375 del 2005, ma 2.670.514 (il 4,5%) sono immigrati (senza contare i clandestini) e pertanto la natalità degli italiani continua ad abbassarsi e il paese a invecchiare. Si parla sempre più frequentemente di declino, e il rapporto del Censis alla fine del 2004 vede una società timorosa del futuro e spaventata dall'insicurezza economica. In realtà la ricchezza delle famiglie continua a supplire in qualche misura ai bisogni di una gioventù disoccupata per un 20% in crescita, ma la forbice tra i ricchi e i poveri si allarga ponendo il problema, non solo italiano, di una classe media in difficoltà, costretta a rinunciare ai consumi finanziati negli anni precedenti dal debito. Molti attribuiranno le difficoltà al tasso di cambio tra la lira e l'euro, svantaggioso per la lira, fissato al momento dell'adozione della moneta unica, accusata di mantenere troppo alti i prezzi, pur riducendo l'inflazione. Crescono i tagli alla spesa pubblica richiesti dal rispetto dei parametri di Maastricht e il 2005 si chiude con un rapporto deficit-pil a 3,1. Da Bruxelles ogni tanto arrivano ammonimenti, «*warnings*», per lo stato dei conti pubblici; il ministro dell'Economia Tremonti si fa un nome in Europa per la saggia gestione dei conti nazionali, ma i tagli della spesa sempre più generalizzati si fanno sentire sulla sanità, la scuola, la ricerca e la cultura.

Sono gli anni di alcune clamorose bancarotte che danneggiano il risparmio. Prima quella della Repubblica argentina, a cui molti italiani hanno affidato i loro risparmi, che nel gennaio 2002 è costretta ad ammettere il default delle sue obbligazioni internazionali e a ristrutturare il debito. I bond argentini venduti dalle banche a ignari risparmiatori perdono da tre quarti del loro valore fino ad arrivare allo zero per i meno informati. Poi ci sono due disastri finanziari nazionali: quello della Cirio, la nota fabbrica di conserve, nel 2002, e l'anno dopo quello della Parmalat, la multinazionale lattiero-casearia, ambedue travolte da situazioni speculative e da gestioni fraudolente. Alle bancarotte si affiancano scandali finanziari e fusioni bancarie, le ultime di un processo che dura dal 1990 e che ha interessato più del 55% delle attività, non sempre trasparenti, segno che anche da noi, come in America, «l'economia di carta» si sta in qualche misura sostituendo all'economia produttiva. Tra di esse la tentata fusione tra la Bnl (Banca nazionale del lavoro) e l'olandese Abn-Amro, la fallita scalata all'Antonveneta da parte della Banca popolare (già Banca popolare di Lodi) di Giampiero Fiorani e le Opa (anch'esse fallite) prima della Banca spagnola di Bilbao e successivamente dell'Unipol sulla Bnl. Dal mancato controllo su tutti questi movimenti emergeranno le responsabilità della Banca d'Italia e del suo governatore Antonio Fazio che, dopo qualche resistenza, sarà costretto alle dimissioni e nel 2011 verrà condannato in primo grado a quattro anni di reclusione e a un milione e mezzo di multa per aggiotaggio nella tentata scalata ad Antonveneta da parte di Fiorani.

Davanti a questo scenario sempre più inquietante il governo si limita a osservare senza intervenire. Gli impegni presi in campagna elettorale per rilanciare la costruzione delle infrastrutture, autostrade, ferrovie, trasporti urbani, strutture legate all'energia, le cui insufficienze pesano sulla competitività delle nostre industrie, vengono solo parzialmente realizzati. In particolare, nel settore autostradale andranno avanti i lavori già iniziati; pochi altri verranno impostati per la scarsezza delle risorse. Pur tuttavia il governo e soprattutto il presidente del Consiglio continueranno a promettere puntando su progetti a effetto, ma difficilmente realizzabili, come il ponte tra la Sicilia e il continente, e a manifestare ottimismo.

Nel dibattito sulla crisi italiana, a cui contribuirà lo stesso ministro dell'Economia Tremonti, emergono, insieme alle motivazioni immediate, quelle legate alle condizioni strutturali dell'economia. Fra le prime la concorrenza dei paesi emergenti e in particolare della Cina, che sta invadendo i mercati con prodotti a basso costo, grazie ai bassissimi salari e alla mancanza di ogni protezione del lavoro.

Ma sono le carenze tradizionali del nostro sistema produttivo a prevalere come ragioni della crisi: la mancata promozione della ricerca, la burocrazia amministrativa che rende più difficile e costosa ogni nuova iniziativa, l'esistenza di difese corporative che disincentivano la concorrenza, il mancato sviluppo del Mezzogiorno, la permanenza di gruppi familiari ai vertici delle aziende a rendere più difficile il ricambio generazionale e quello di tecniche e metodologie, e i ritardi negli sforzi per realizzare gli obiettivi della strategia di Lisbona, il programma di riforme economiche approvato nel 2000 dai capi di stato e di governo dell'Unione europea.

Una delle conclusioni del dibattito è la necessità, fortemente sostenuta dalla Confindustria a presidenza Montezemolo, di riprendere quel processo di liberalizzazione iniziato negli anni Novanta e poi interrotto, e di estenderlo dall'economia ad altri aspetti della società e del mercato; tuttavia non mancheranno le posizioni favorevoli a una maggiore presenza dello stato e al trasferimento del prelievo fiscale dalle persone alle cose. Se ne farà interprete lo stesso Tremonti con la sua propensione per un ritorno a una forma di «colbertismo», pur aggiornato alle esigenze del momento, e la proposta per l'emissione di titoli di debito pubblico europeo per finanziare la riconversione dell'industria. Le idee di Tremonti riflettevano le convinzioni personali del ministro e in una certa misura le posizioni della Lega, a cui Tremonti appariva molto vicino, tanto da esserne considerato il candidato a un'eventuale successione al cavaliere.

Nel dibattito il governo, e in particolare il presidente del Consiglio, si manteneva sostanzialmente neutrale evitando di prendere posizione e preferendo addossare le difficoltà del paese alla concorrenza cinese e alle limitazioni che l'Europa, con la sua burocrazia, imponeva all'economia nazionale, nonché alle penalizzazioni costituite dall'euro forte. Erano posizioni che riflettevano, oltre allo spirito antieuropeista di una parte di Forza Italia, interessi settoriali e convenienze elettorali.

In conclusione avrà buon gioco l'«Economist» a osservare come di fronte alle sfide della globalizzazione l'Italia mancasse ancora di un'autentica visione liberale.

## Le elezioni del 2006

La sconfitta subita dalla coalizione di governo alle elezioni regionali dell'aprile 2005 apre la porta alla crisi nella maggioranza e alla formazione del terzo governo Berlusconi. Nato per evitare elezioni anticipate, preparerà quelle di fine legislatura. Sono Alleanza nazionale e Udc a chiedere il ritorno alle urne. Secondo Follini le elezioni regionali rappresentano «un voto contro un certo modo di governare», e la sua decisione di uscire dal governo insieme ai tre ministri dell'Udc apre virtualmente la crisi. A favore delle elezioni sono Fini e i partiti all'opposizione che, dopo una serie di vittorie alle amministrative, sentono che il momento è favorevole. Anche Confindustria è favorevole; secondo il suo presidente Montezemolo è «meglio il voto anticipato che la paralisi»; qualche settimana dopo l'Ocse dichiara che l'Italia è in recessione e il commissario europeo Joaquín Almunia annuncia l'apertura di una procedura di infrazione per deficit eccessivo.

Berlusconi cerca di evitare la crisi proponendo un semplice rimpasto; i sondaggi non gli sono favorevoli, e pertanto cerca di prolungare la vita del governo fino alla sua scadenza naturale. Ma l'opposizione interna si fa sempre più pressante e lo costringe a cedere. Non è in discussione la sua guida per il nuovo governo, ma i suoi alleati reclamano l'inizio di una nuova fase e soprattutto una ridistribuzione dei posti. Il 20 aprile Berlusconi si dimette; già il giorno dopo riceve l'incarico dal presidente Ciampi e il 23 la crisi è già conclusa. Il cavaliere si è dovuto «piegare ai giochi della prima Repubblica» e non ha potuto, come aveva più volte assicurato, mantenere la promessa che il suo secondo governo sarebbe stato di legislatura, ma ha preso la sua rivincita aprendo e chiudendo la crisi in tre giorni, cosa mai successa negli anni della partitocrazia.

Il terzo governo Berlusconi cambia di poco rispetto al precedente; esce Follini (che presto lascerà anche l'Udc e due anni dopo approderà, come indipendente, al centrosinistra), che è stato il vero antagonista di Berlusconi e il principale artefice della crisi, ed escono Giuliano Urbani, Maurizio Gasparri, Antonio Marzano e Girolamo Sirchia. Entrano Francesco Storace per AN al posto di Sirchia, Giorgio La Malfa per i Repubblicani italiani, Mario Landolfi al posto di Gasparri. Rientra anche Giulio Tremonti, come vicepresidente del Consiglio e, verso la fine dell'anno, ministro dell'Economia in seguito alle dimissioni di Siniscalco. Cambia invece il numero dei sottosegretari che da 51 salgono a 63, un aumento che più che a una necessità sembra corrispondere alla distribuzione delle prebende preelettorali.

Sostanzialmente la crisi si conclude con il rafforzamento di Berlusconi e con un autogol da parte dell'Udc che, pur restando nella maggioranza, si troverà in una posizione minoritaria. Durante il discorso di presentazione

del programma alla Camera, Berlusconi propone la creazione del partito unico della destra; non è una delle uscite
estemporanee tipiche del cavaliere, il tema del partito
unico rimarrà sul tappeto e inevitabilmente incoraggerà
il centrosinistra a muoversi nella stessa direzione, come
Prodi e i suoi auspicano da tempo.

Dopo la parentesi estiva si apre per le forze politiche
l'ultimo atto della legislatura. Il governo è particolarmente
impegnato su tre temi: la giustizia, una nuova legge elettorale e il progetto di bilancio.

A luglio il Parlamento ha approvato in via definitiva
la riforma dell'ordinamento giudiziario che il ministro Castelli difenderà nei confronti della magistratura, che il 14
luglio sciopera contro la legge. L'assoluzione di Berlusconi
sul caso All Iberian da parte del tribunale di Milano ral-
lenta la tensione, ma l'approvazione della legge ex Cirielli
che riduce i tempi di prescrizione per gli incensurati (e li
aggrava per i recidivi) riaccende il conflitto.

A fine settembre sarà Tremonti, tornato al timone
della finanza nazionale, a formulare la manovra finanziaria
per il 2006; essa prevede misure per più di 20 miliardi di
euro da reperire con tagli alla spesa e nuove entrate che,
tuttavia, non richiedono nuove tasse ma solo la riduzione
di alcune concessioni fiscali. I tagli riguardano quasi esclusivamente i fondi da destinare ai singoli ministeri e i trasferimenti agli enti locali. C'è anche qualcosa (4 miliardi)
per incentivare l'economia sotto forma di riduzione di costi sociali a carico delle imprese, ma chiaramente insufficiente a promuovere quel rilancio chiesto sempre più insistentemente dal mondo industriale.

Seguono l'approvazione della riforma della scuola e,
a novembre, la riforma della Costituzione che Berlusconi
considera il più importante contributo del suo governo, e
che la Lega sostiene come l'anticamera del federalismo.

Alla vigilia delle elezioni viene approvata una nuova
legge elettorale destinata a diventare un elemento centrale nel dibattito politico per gli anni a venire. Essa segna il ritorno al sistema proporzionale con l'adozione di
un cospicuo premio di maggioranza che viene assegnato
alla Camera sul piano nazionale e al Senato su quello regionale. Prevedendo l'identità tra i leader delle due coali-

zioni e i candidati alla presidenza del Consiglio, conserva alcune delle caratteristiche di una elezione maggioritaria, ma abolisce l'assegnazione delle preferenze, per cui i candidati vengono eletti secondo la loro collocazione in lista, sottraendo pertanto all'elettore la scelta dei propri rappresentanti e rimettendola esclusivamente alle segreterie di partito e nei partiti personali, come Forza Italia, esclusivamente al leader. Sostanzialmente l'elezione si riduce a determinare la distribuzione di seggi tra i partiti in competizione e permette, già prima delle elezioni, di prevedere, se non il numero, l'identità degli eletti. Voluta fortemente da Berlusconi, è accettata anche dalle opposizioni e, nonostante la cattiva prova alle politiche del 2006 (il suo stesso promotore, il leghista Calderoli la giudicherà «una porcata»), verrà mantenuta anche per quelle successive.

La nuova legge prevede anche l'attribuzione del voto agli italiani all'estero con candidati propri, un elemento che si presterà a ogni sorta di brogli e di malintesi.

La campagna elettorale segna una novità per l'Italia: due faccia a faccia televisivi tra i leader delle due coalizioni, e anche questo concorre a caratterizzare il sistema in senso bipartitico. Per la realizzazione dell'incontro, Prodi pone la condizione che Berlusconi rinunci alla tradizionale conferenza stampa alla fine della campagna elettorale; il cavaliere, che gode di una continua esposizione mediatica, accetta. I due incontri si svolgono il 14 marzo e il 3 aprile con i temi economici al centro del dibattito. Prodi promette di ridurre le tasse sul lavoro e di introdurre una tassa di successione, ma solo per i grandi patrimoni; Berlusconi si impegna ad abolire l'Ici, la tassa sulla casa. Prodi darà prova di maggiore competenza, data la sua qualità di economista, e Berlusconi confermerà le sue doti di grande comunicatore. Ma, a differenza di quanto succede in altri paesi, i due dibattiti non suscitano particolare attenzione tra i telespettatori, e certamente spostano ben poco in termine di consensi. I sondaggi delle settimane precedenti avevano assegnato un chiaro vantaggio al centrosinistra, ma con l'approssimarsi della data del voto, il 9 e 10 aprile, segnalano la rimonta del centrodestra.

All'apertura delle urne, dopo una lunga attesa dei risultati definitivi (secondo la tradizione) e una certa altalena dei dati, emerge la vittoria del centrosinistra, una vittoria alquanto risicata, che qualche commentatore trasformerà in una «quasi vittoria» per il centrodestra e in una «quasi sconfitta del centrosinistra». In percentuali Forza Italia raggiunge il 23,7%, la Lega si ferma poco sotto al 4,6%, il 12,3% va ad Alleanza nazionale e il 6,7% all'Udc. Sul versante della sinistra, l'Ulivo sale al 31,27% (al Senato, dove i DS e la Margherita si presentano separati, gli elettori assegnano il 17,2% ai primi e il 10,5% alla seconda), Rifondazione al 5,8% e i Comunisti italiani al 2,3%, l'Italia dei valori al 2,2%, l'Udeur all'1,4%.

Il totale per l'Unione è 49,81%, per la Casa delle Libertà 49,74%, con una differenza di poco meno di 25 mila voti: 19.002.598 voti all'Unione, 18.977.843 alla Casa delle Libertà. I partiti del centrodestra, compresa l'Udc, perdono solo lo 0,4%. Le perdite maggiori le subisce Forza Italia con un -5,7% e i maggiori guadagni li realizza l'Udc con un +3,5%. Lega Nord e Alleanza nazionale confermano le posizioni. I partiti del centrosinistra guadagnano il 2,7%, ma l'Ulivo (DS e Margherita) cresce solo dello 0,2%. I guadagni maggiori (ma si tratta di decimali) li realizzano Rifondazione, con un +0,8% e Comunisti italiani, con un +0,6%.

In definitiva il vincitore delle elezioni è il centrosinistra, ma mentre alla Camera, grazie al premio della nuova legge elettorale, lo schieramento può contare su 348 deputati (compresi quelli eletti all'estero, che in maggioranza, contrariamente alle aspettative, vanno alle sinistre), al Senato (nonostante un vantaggio dello 0,6%, pari a più di 200 mila voti) l'Unione raggiunge la maggioranza con uno scarto di soli due seggi.

La nuova legge elettorale aveva obbligato i partiti a coalizzarsi ma segna una perdita secca per la destra, che l'aveva voluta e che con la vecchia legge avrebbe conseguito un risultato migliore. Dati gli scarti minimi tra le due coalizioni, un fenomeno mai avvenuto nelle consultazioni del passato, non mancheranno accuse di brogli e richieste di nuovi conteggi. Sarà solo dopo quelli concessi per il Senato che la Casa delle Libertà accetterà di ufficializzare il voto ma, in un ultimo tentativo di superare il responso delle urne, Berlusconi proporrà una grande coalizione con la sinistra; gli risponde Prodi: «Il premier si scusi, ha spaccato il paese».

Alcune settimane dopo le elezioni di aprile, una nuova tornata delle amministrative per la designazione dei sindaci in alcune delle più importanti città sembra confermare gli schieramenti usciti dalle elezioni politiche. Il Pdl vince a Milano, già al primo turno, con Letizia Moratti, l'Ulivo a Roma con Walter Veltroni, a Napoli con Rosa Russo Iervolino e a Torino con la conferma di Sergio Chiamparino. La regione siciliana si conferma al centrodestra con Salvatore Cuffaro. Per i capoluoghi di provincia, il centrosinistra vince a Caserta, Catanzaro, Rovigo, Salerno; il centrodestra a Cagliari.

Qualche settimana dopo, il 26 giugno, gli italiani ritornano alle urne per il referendum sulla riforma della Costituzione, approvata dal governo di centrodestra; questa volta il *quorum* scatta e la riforma viene respinta a larga maggioranza, 61,7%; Berlusconi commentava il risultato parlando di «occasione storica perduta».

## Il ritorno di Prodi

Il secondo governo Prodi, cinquantanovesimo della Repubblica, durerà 722 giorni, dal 17 maggio 2006 al 7 maggio 2008, ma in realtà già il 24 gennaio 2008, dopo il voto contrario del Senato sulla fiducia, Prodi è costretto a rassegnare le dimissioni e a restare in carica solo per il disbrigo degli affari correnti. Falliscono tutti i tentativi di costituire un nuovo governo, anche al fine di riformare una legge elettorale che ha dato una così cattiva prova. A questo scopo tra i partiti di maggioranza e di minoranza sembrava esserci un accordo che, tuttavia, non si confermerà nei fatti. In realtà la legge così com'è fa comodo ai vertici dei partiti che possono designare e fare eleggere i candidati più vicini alla dirigenza.

Il 6 febbraio 2008 il presidente Napolitano, succeduto a Ciampi nel maggio del 2006, scioglie le camere e indice nuove elezioni. Pertanto la vita del governo Prodi si riduce da due anni a poco più di un anno e mezzo, e durante il suo percorso è continuamente destabilizzata da minacce di defezioni.

Già alcuni mesi dopo aver ottenuto la fiducia, il governo ha perso la maggioranza in Senato con il passaggio all'opposizione del senatore Sergio De Gregorio. Da allora al governo è stato assicurato il sostegno dei senatori a vita, ma appare evidente la difficoltà di completare il mandato in tali condizioni di precarietà.

Alla fine del febbraio 2007 la risoluzione del governo per approvare la politica estera, con particolare riferimento alla presenza del nostro contingente in Afghanistan, non raggiunge il *quorum* richiesto di 160 voti (che si fermano a 158). La bocciatura costringe Prodi a dare le dimissioni che, tuttavia, vengono respinte dal presidente della Repubblica che rimanda Prodi alle camere per un voto di fiducia che lo riconferma e lo rimette in corsa, ma solo per qualche mese: a luglio, in occasione della votazione sulla riforma della giustizia, un emendamento del senatore Roberto Manzione dell'Ulivo, a cui il governo si era dichiarato contrario, viene invece approvato con il concorso dell'opposizione. L'approvazione della riforma avvenuta alcuni giorni dopo toglie il governo dall'imbarazzo, ma a ottobre, a margine della discussione sulla finanziaria, Prodi è costretto a smentire le voci di imminenti dimissioni. Qualche settimana dopo il senatore ed ex presidente del Consiglio Lamberto Dini sostiene l'opportunità «di superare la presente fase politica» e quasi contemporaneamente il presidente della Camera Fausto Bertinotti dichiara: «Questo governo ha fallito». Poiché la componente rappresentata da Bertinotti ne fa parte, la dichiarazione equivale a una condanna a morte per il governo (anche se qualche giorno dopo Bertinotti smentirà).

Ormai il governo si trova su di un piano inclinato e l'opposizione, avvertendone le difficoltà, si muove per dargli il colpo di grazia, tentando con successo di reclutare i dissenzienti. Si rinnova così quel neotrasformismo destinato a diventare una prassi sempre più frequente.

Sarà il ministro della Giustizia Mastella, leader dell'Udeur, che già nei primi mesi di vita del governo aveva condotto una contestazione, non sempre sotterranea, a decretarne la fine.

Dimissionario, dopo l'ordinanza di arresti domiciliari per la moglie Sandra Lonardo, presidente del Consiglio regionale campano, accusata di tentata concussione nei confronti del direttore generale dell'ospedale di Caserta, e indagato a sua volta con la stessa accusa, Mastella ritira l'Udeur prima dal governo e successivamente dalla maggioranza, accusando gli ex alleati di mancanza di solidarietà per l'incriminazione sua e di sua moglie. Dopo quest'ultima defezione, il governo, presentatosi per il rinnovo della fiducia, viene riconfermato dalla Camera ma bocciato al Senato. Da ciò la crisi e le dimissioni di Prodi del 24 gennaio.

## Un breve governo

Sottoposto alle critiche e alle pressioni dell'opposizione interna e di quella esterna, il governo Prodi è fin dall'inizio costretto in una posizione di costante difesa con tempi ridotti per governare; eppure nell'anno e mezzo di un'azione continuamente contestata non sono mancate decisioni di qualche peso.

Il primo importante appuntamento dopo la consultazione del 9 e 10 aprile è l'elezione del presidente della Repubblica. Il mandato di Ciampi è in scadenza, e l'ex governatore della Banca d'Italia respinge gli inviti alla rielezione. I candidati delle due coalizioni sono D'Alema per il centrosinistra, e Gianni Letta per il centrodestra (che successivamente presenta una rosa di quattro nomi: Franco Marini, Mario Monti, Lamberto Dini e Giuliano Amato). D'Alema è inaccettabile per Berlusconi, ma anche una parte della Margherita gli è contraria. Dopo il terzo scrutinio e davanti alla constatazione che non esistono margini d'intesa tra le due coalizioni, si impone la candidatura di Giorgio Napolitano, che viene eletto con i soli voti delle sinistre. Dopo il discorso di insediamento, Napolitano affida a Prodi l'incarico di formare il nuovo governo. È il 16 maggio, il giorno dopo il governo è già pronto e il 18 si presenta al Senato per la fiducia, che viene data il 19. Del secondo governo Prodi fanno parte: Massimo D'Alema agli Esteri e nel ruolo di vicepresidente del Consiglio, Giuliano Amato agli Interni, Tommaso Padoa Schioppa all'Economia e alle Finanze con Vincenzo Visco quale viceministro, Pier Luigi Bersani allo Sviluppo economico, Antonio Di Pietro alle Infrastrutture, Francesco Rutelli vice presidente e ministro dei Beni culturali, Emma Bonino al Commercio internazionale.

La prima e più significativa azione del governo Prodi viene intrapresa già all'indomani della fiducia, grazie a una serie di liberalizzazioni (ribattezzate «lenzuolate» dal loro promotore, il ministro Pier Luigi Bersani), in alcuni settori cruciali per i consumi e i servizi pubblici: quello delle ricariche telefoniche per le quali viene abolita l'applicazione dei costi fissi e dei contributi per la ricarica, quello per l'informazione sui prezzi dei carburanti lungo le strade e le autostrade, sulla pubblicità delle tariffe dei voli *low cost* per una migliore informazione sui prezzi reali (cioè complessivi degli oneri aggiuntivi), per una maggiore tutela degli automobilisti sulle tariffe assicurative, per la liberalizzazione dei farmaci da banco, la cui vendita, tradizionalmente limitata alle farmacie, viene estesa ai supermercati; la liberalizzazione del servizio di taxi è uno dei provvedimenti che incontra la maggiore opposizione, perché implica l'aumento del numero delle licenze, da sempre ostacolato dagli operatori del settore. La prima e una seconda serie di liberalizzazioni approvate con decreto a fine marzo 2007 vengono accolte con favore e con qualche curiosità da un'opinione pubblica desiderosa di cambiamenti, ma presto alcuni di questi provvedimenti vengono annacquati, privati di norme di attuazione, e in alcuni casi (clamoroso quello dei tassisti) il governo è costretto a fare marcia indietro. A distanza di un anno qualcosa rimane, come la liberalizzazione dei farmaci, ma il governo ha perso la spinta iniziale e si arrocca in difesa sotto la pressione della intensa offensiva dell'opposizione.

Nonostante l'economia sia in ripresa, vicina al 2% di crescita, e in aumento sia anche l'occupazione, il deficit di bilancio ridotto all'1,9 dal 3,9% dell'anno precedente e la lotta all'evasione abbia dato risultati incoraggianti fino al punto di mettere a disposizione del governo un «tesoretto» che verrà utilizzato per aumenti minimi ai pensionati e ai bassi redditi e per qualche riduzione fiscale a vantaggio delle aziende, il bicchiere resta mezzo vuoto. Cresce la sfiducia nella politica, a cui contribuiscono, oltre alle campagne antigovernative della stampa del cavaliere, il nuovo Movimento 5 stelle del comico Beppe Grillo che, proprio nel corso del 2007, assurge a notorietà nazionale, e una serie di denunce sui costi e gli sprechi della politica di cui si fa interprete il «Corriere della Sera» in numerose corrispondenze di Gian Antonio Stella e Sergio Rizzo, poi riunite in volume.

Al cambiamento del clima contribuiscono anche i conflitti nel mondo del pallone, prima con lo scoppio di «calciopoli», il fenomeno delle partite truccate che dall'aprile del 2006, quando erano emerse le prime indiscrezioni, si allarga a colpire i dirigenti della Federcalcio, nonché quelli di alcune tra le maggiori società, in uno scambio di accuse e contraccuse, e poi con le tensioni che coinvolgono le tifoserie rendendo pericolosa la partecipazione agli avvenimenti sportivi.

Ai primi di febbraio, a Catania, negli scontri tra i tifosi della squadra locale e quelli del Palermo, viene ucciso il poliziotto Filippo Raciti e ciò induce la Federcalcio a sospendere il campionato e il governo ad approvare un decreto per contenere la violenza negli stadi.

A premere sul governo perché esca dall'inazione subentrata alle prime iniziative concorre anche un rinnovato desiderio di partecipazione da parte di un'opinione pubblica sempre più cosciente delle difficoltà non solo economiche in cui si trova il paese. Lo testimonia la partecipazione, inattesa nelle sue dimensioni, alle primarie per l'elezione di Veltroni alla guida del PD e alle manifestazioni pubbliche che ambedue le parti organizzano nelle piazze del paese. La decisione dei vertici del centrosinistra di procedere alla fusione delle due componenti dell'Ulivo, quella ex comunista dei DS e quella cattolica della Margherita, in un nuovo partito, il PD appunto, con Veltroni segretario (ottobre 2007), è una prova ulteriore delle attese che la gente ripone nelle promesse di rinnovamento che sembravano venire dal nuovo partito. È in questo clima, in cui delusioni diffuse si intrecciano con tenui speranze di una ripresa dell'iniziativa politica, che si consumano le ultime possibilità del governo Prodi, di cui non è chiaro il percorso ma di cui è evidente la debolezza.

## La politica estera del governo Prodi

La politica estera è il settore in cui il governo Prodi avrebbe agito con maggiore dinamismo e con una chiarezza di prospettive e di strategie assente in politica interna. La breve crisi prodotta dal voto di fine febbraio sulle linee generali di politica estera si chiudeva prontamente e rifletteva più un incidente di percorso (erano mancati i voti di due esponenti dell'estrema sinistra, Franco Turigliatto e Fernando Rossi, in opposizione alla presenza italiana in Afghanistan) che una diversa linea all'interno della maggioranza. Restava tuttavia il tentativo di Prodi e di D'Alema di differenziarsi, più nello stile che nelle scelte, dalla politica del governo Berlusconi, e di sostituire la forte personalizzazione dei governi del cavaliere con una gestione collettiva che mirasse soprattutto a recuperare quel rapporto con l'Unione europea che Berlusconi aveva giudicato secondario in una politica orientata a confermare e sottolineare il legame con gli Stati Uniti.

Per un paese come l'Italia, così impegnato con forze militari all'estero (attorno a 10 mila uomini in 27 missioni in 19 paesi), è comprensibile che gran parte del dibattito parlamentare vertesse sulle ragioni politiche e sui costi di quelle presenze.

Il governo Prodi, che aveva ritirato le truppe dall'Iraq in conseguenza di una decisione già presa dal governo precedente, continuava a seguire la linea bipartisan su tutte le decisioni di politica estera relative alla presenza italiana in Afghanistan.

Le decisioni parlamentari necessarie a stanziare i mezzi per il mantenimento del nostro contingente in quel paese, come in tutti gli altri in cui erano presenti le nostre truppe, venivano prese a larga maggioranza e le uniche opposizioni venivano dai gruppi di estrema sinistra e dai verdi.

Il governo Prodi deciderà, con una tempestività che non mancherà di stupire, un ulteriore impegno di *peace-keeping* in un'area potenzialmente esplosiva, quella della frontiera libanese, dove nell'estate del 2006 si era svolta una breve ma cruenta guerra tra Israele e le forze dell'organizzazione islamica di Hezbollah, sostenute e armate dall'Iran. Il breve conflitto, che si era concluso in una situazione di stallo, poteva riaccendersi, e pertanto richiedeva un attento monitoraggio da parte dell'Onu. Il governo decise l'invio in Libano di un contingente italiano che operò sotto l'egida dell'Onu insieme a francesi, tedeschi e spagnoli, e soldati di altre nazionalità. L'operazione si rivelò un successo riuscendo a garantire la tregua tra i due contendenti.

L'intervento italiano in Libano aveva anche l'obiettivo di dare al nostro paese maggiore visibilità e maggiore presenza ai vertici della politica internazionale, soprattutto in Europa, dove ormai si era consolidato un direttorio fondato sulla collaudata intesa tra Francia, Germania e Regno Unito per la politica estera dell'Unione, e dei primi due per quella finanziaria. Questo obiettivo verrà mancato, ma certamente con la presenza in Libano, che verrà gestita con abilità e prudenza, l'Italia acquistava «non soltanto visibilità ma anche credibilità».

Un altro successo del governo Prodi sarà la campagna per l'abolizione della pena di morte, esistente ancora in molti stati, promossa dal Partito radicale e condotta in seno all'Onu, dove in quei mesi l'Italia occupava un seggio non permanente al Consiglio di sicurezza, a partire proprio dal 2006. Nel dicembre di quell'anno, in seguito al forte impegno dell'Italia, l'Assemblea generale dell'Onu approvava la moratoria sulla pena di morte, il cui rispetto era sostanzialmente lasciato alle scelte dei governi ma che impegnava a rivedere le posizioni di ciascuno su una questione di grande importanza morale e politica. Nei confronti dell'UE il governo Prodi sarà più attivo e più presente rispetto a quelli precedenti, grazie anche alle esperienze e alle conoscenze fatte dal premier durante il suo mandato alla presidenza della Commissione; la partecipazione italiana alla formulazione di quel Trattato di Lisbona che avrebbe sostituito la «Costituzione» europea bocciata dai referendum francese e olandese sarà attenta e assidua.

Ma anche il rapporto con gli Stati Uniti si confermava come elemento di base della nostra politica estera, pur con qualche criticità. Il governo Prodi sosterrà la richiesta degli Stati Uniti di allargare la base americana di Vicenza, nonostante le proteste della cittadinanza, ma non mancherà qualche contrasto tra Roma e Washington, per il caso Calipari.

Un ulteriore episodio di conflitto sarà quello di Daniele Mastrogiacomo, giornalista della «Repubblica», anch'egli rapito e per la cui liberazione il governo italiano farà pressioni sul presidente Karzai ottenendo il rilascio di quattro talebani presenti nelle carceri di Kabul richiesto dai rapitori in cambio della liberazione di Mastrogiacomo. Washington, ma anche i paesi europei impegnati in Afghanistan, non mancheranno di protestare per la disponibilità del governo di Roma a cedere alle richieste dei terroristi; alcuni mesi dopo due agenti segreti italiani, anch'essi prigionieri dei talebani, verranno liberati grazie un blitz congiunto tra forze speciali inglesi e italiane.

In conclusione, durante l'anno e mezzo della sua esistenza il governo Prodi riusciva a riportare la politica estera dell'Italia sui binari tradizionali e a recuperare una parte della credibilità e del rispetto perduti in conseguenza della politica estera di Berlusconi, troppo polarizzata sugli Stati Uniti e sulla Russia di Putin e troppo soggetta all'estro del cavaliere. Pur tuttavia, nelle valutazioni di una classe politica da sempre motivata prioritariamente da ragioni di politica interna e dagli interessi a essa collegati, era quest'ultima a mantenersi al centro dell'attenzione. Su questo terreno il governo fu oggetto di una serrata contestazione da parte dell'opposizione che ne avvertiva le debolezze e la lenta ma visibile perdita di consenso popolare; a essa si aggiungevano le pressioni di alcune componenti della maggioranza, specie quelle che facevano capo a Veltroni, rafforzato dalla vittoria alle primarie, e a Mastella, che cercava sempre più ampi spazi per sé e per i suoi seguaci.

All'inizio dell'autunno il governo Prodi entrava in una fase di fibrillazione; le voci dell'opposizione che annunciavano la defezione di membri della maggioranza si aggiungevano a *rumors* da essa provenienti che sembravano confermarle, mentre dall'una e dall'altra parte si parlava sempre più frequentemente di elezioni anticipate. La denuncia da parte di Mastella, a metà ottobre, del peggioramento dei rapporti all'interno della maggioranza, se da una parte contribuì a quel deterioramento, dall'altra colse un dato reale della situazione. Dopo l'approvazione della finanziaria 2008, la crisi tutta interna alla maggioranza era data per certa, già alla vigilia delle feste natalizie, ma con quei fenomeni di trascinamento tipici delle vicende politiche italiane si prolungò per qualche settimana per concludersi con il voto contrario del Senato il 24 gennaio. Lo scioglimento delle Camere rinviava di un anno il referendum sulla legge elettorale. Promosso nel 2007 da Mario Segni e Giovanni Guzzetta, il referendum si svolgerà il 21 e 22 giugno 2009 ma con un'affluenza di appena il 24% non raggiungerà il *quorum*.

Le nuove elezioni, fissate dal presidente Napolitano per il 13 e 14 aprile, si terranno con la legge elettorale che tutti condannavano ma che nessuno dei maggiori partiti aveva interesse a modificare.


## Le elezioni del 2008

La vittoria del centrodestra alle elezioni del 2008 era stata chiaramente preannunciata; al massimo potevano stupire le sue dimensioni e, corrispondentemente, quelle della sconfitta del centrosinistra. Le attese per il risultato concorrono a spiegare il carattere della campagna elettorale: breve, appena una quarantina di giorni, sottotono, con uscite quasi esclusivamente televisive. Era probabilmente la sicurezza di vincere che induceva Berlusconi a non spendersi più di tanto in comizi e viaggi attraverso il paese, come aveva invece fatto nel corso della campagna elettorale del 2006, ed era il timore di perdere che aveva spinto il leader del PD, Walter Veltroni, a tentare il tutto per tutto, cercando di mantenere una certa iniziativa durante tutta la campagna, fino a sfidare Berlusconi a un faccia a faccia televisivo che non venne accettato perché il cavaliere si sentiva in sicura ascesa. Eppure, anche se senza suspense, la campagna elettorale fu particolarmente significativa per i cambiamenti che coinvolsero tutti i maggiori partiti. I più importanti riguardavano la fusione tra Forza Italia e Alleanza nazionale, che nel febbraio 2008 si univano nel Pdl (Popolo della Libertà, ma il congresso fondativo avrà luogo nel marzo 2009). Al nuovo partito aderiva anche la Democrazia cristiana per le autonomie, il Nuovo Partito socialista italiano, e i Riformatori Liberali. Dalla coalizione che si formava attorno al Pdl con la Lega Nord, il Mpa (il Movimento per le autonomie di Raffaele Lombardo) e alcune piccole formazioni, restava fuori l'Udc, desiderosa di mantenere simbolo e autonomia. Qualche settimana prima, il partito di Casini aveva subito l'uscita di alcuni esponenti: Mario Baccini e Bruno Tabacci che costituivano la Rosa bianca (che si presenterà alle elezioni apparentata con l'Udc), mentre Carlo Giovanardi era confluito nel Pdl. Sul versante del centrosinistra, Veltroni annunciava che il PD avrebbe corso da solo insieme al Partito radicale, a cui venivano assegnati dieci seggi per altrettanti candidati (ma ne passano nove) con l'esclusione di Pannella, e il 10% dei rimborsi delle spese elettorali. Alleata del PD sarà l'Italia dei valori di Di Pietro al quale, a differenza dei radicali, veniva permesso di presentarsi con il proprio simbolo. Sul versante estremo dello schieramento la Sinistra arcobaleno raccoglieva Rifondazione comunista, Comunisti italiani e Verdi. All'estrema destra La destra-Fiamma tricolore nasceva dall'accordo tra La destra di Storace e il Movimento sociale-Fiamma tricolore. Tutte operazioni eseguite senza un'adeguata preparazione che in alcuni casi si riveleranno premature ma che per la prima volta nella storia della Repubblica realizzavano un autentico bipolarismo e una sostanziale semplificazione degli schieramenti.

La decisione di Veltroni di correre da solo, pur in alleanza con l'Idv, metteva il centrosinistra in una posizione di debolezza che alla vigilia delle elezioni appariva pressoché irrecuperabile. Sulla base dei risultati conseguiti appena due anni prima, la coalizione PD-Idv partiva con il 33%, mentre quella avversaria Pdl-Lega Nord (LN) con il 40,6%.

In quanto ai temi oggetto di dibattito, superata la questione della grafica delle schede elettorali sollevata da Berlusconi e Di Pietro (veniva contestata la collocazione in un'unica casella dei simboli dei partiti coalizzati), la campagna elettorale non avrà storia, salvo per la questione dell'Alitalia che irromperà inattesa alla vigilia della consultazione elettorale. La questione della vendita della compagnia di bandiera, già oggetto di un'offerta di acquisto da parte di Air France, entrò nel dibattito elettorale quando Berlusconi annunciò l'esistenza di una cordata di banche e di industriali italiani disposti a rilevarla affinché restasse italiana. Il PD che, come partito di governo, ben conosceva la disastrosa situazione finanziaria della compagnia («c'è ossigeno ancora per poco», dichiarerà Padoa Schioppa) denunciava come irresponsabile la proposta di Berlusconi, che tuttavia ribadì la sua volontà di salvare l'Alitalia e assicurò che in caso di vittoria si sarebbe impegnato a mantenere la linea aerea sotto la bandiera nazionale. A questo punto le trattative tra Air France e Alitalia si interruppero, e in effetti una delle prime decisioni del nuovo governo sarebbe stata quella di approvare un prestito di trecento milioni per permettere alla compagnia di far fronte agli impegni più urgenti. Era solo l'inizio; l'operazione che avrebbe permesso la sopravvivenza di Alitalia, pur fortemente ridotta nel numero degli aerei e dei collegamenti, sarebbe costata altri sacrifici al contribuente italiano.

Allo scrutinio si evidenziavano ben presto le dimensioni della vittoria del centrodestra che si affermava alla Camera con 344 seggi, ma che riportava una netta vittoria anche al Senato con 174 seggi. Al PD andavano 247 seggi alla Camera e 134 al Senato. In termine di voti il divario era ancora più vistoso: il 46,8% al centrodestra e il 37,5% al centrosinistra, pari a 3.300.000 voti di differenza.

In termini di seggi la vittoria elettorale diede a Berlusconi una supremazia schiacciante, confermando sostanzialmente i margini del 2001; tuttavia, sul piano percentuale, FI e AN uniti nel Pdl mantenevano le posizioni che separati occupavano nel 2006, e così pure il PD con il 34,1%. Sui due versanti vincevano rispettivamente l'Idv, che quasi raddoppiava i voti e saliva al 4,4%, e soprattutto la Lega Nord, che dal 4,6% del 2006 raggiungeva l'8,3%; l'Udc passava dal 6,8 al 5,6% con 36 seggi alla Camera e 3 al Senato, mentre la sinistra radicale subiva una vera e propria disfatta. Non solo non riusciva a raggiungere il 4% alla Camera, soglia necessaria alla rappresentanza, ma neppure al Senato dove per i meccanismi delle leggi elettorale la soglia era addirittura più alta, all'8%.

TAB. 7.1. *Elezioni politiche del 13-14 aprile 2008, risultati per la Camera.*

| Partiti e coalizioni | risultato | | differenza[a] | |
|---|---|---|---|---|
| | val. assoluto | % | val. assoluto | % |
| Sinistra arcobaleno (e minori) | 1.502.534 | 3,1 | -2.395.860 | -6,1 |
| PD, PS | 12.448.579 | 34,1 | -473.098 | -0,3 |
| Idv | 1.593.675 | 4,4 | +716.623 | +2,1 |
| Pdl | 13.628.865 | 37,4 | -127.237 | +1,3 |
| Lega Nord | 3.024.522 | 8,3 | +1.276.792 | +3,7 |
| Mpa | 410.487 | 1,1 | +410.487 | +1,1 |
| Udc | 2.050.319 | 5,6 | -529.871 | -1,1 |
| Destra, FN | 994.066 | 2,7 | +508.206 | +1,5 |
| Altri | 799.258 | 2,3 | -1.087.080 | -2,6 |
| Totale | 36.452.305 | 100 | -1.701.038 | |
| Coal. Veltroni | 14.042.254 | 38,5 | +243.525 | +2,4 |
| Coal. Berlusconi | 17.063.874 | 46,8 | +1.560.042 | +6,2 |
| Tot. sinistra | 15.544.788 | 42,6 | -2.152.335 | -3,7 |
| Tot. destra | 20.108.259 | 55,2 | +1.538.377 | +6,5 |
| PD | 12.092.998 | 33,2 | +162.015 | +1,9 |

[a] Le differenze (in valori assoluti e percentuali) si riferiscono alle elezioni del 2006.

Sul piano della distribuzione geografica del voto il Pdl perdeva al nord (-3,8%), avanzava al centro (+4,3%, progredendo anche nelle regioni rosse) e in modo più cospicuo al sud (+7,3%). Il PD perdeva al nord (-0,5%), guadagnava al centro (+2,6%) e perdeva al sud (-0,2%). La Lega, la vera vincitrice della consultazione, cresceva al nord (+9,7%), al centro (+2%) e perdeva al sud (-1,5%), dove si affermava l'altro partito tendenzialmente federalista, l'Mpa (+3,7%).

In conclusione il Parlamento che usciva dalle elezioni del 2008 era molto meno frammentato che nel passato, con una maggioranza solida e un'opposizione nuovamente depressa e divisa: a Berlusconi si presentava l'occasione di attuare le riforme da sempre annunciate e rinnovate con le promesse che ancora una volta l'avevano reso credibile di fronte agli italiani.

# CAPITOLO OTTAVO

# IL BERLUSCONI IV

*Un governo giovane*

Il nuovo governo si costituisce rapidamente il 7 maggio, con una presenza di donne e di giovani più numerosa che nelle compagini precedenti: Giorgia Meloni (31 anni) alle Politiche giovanili, Mara Carfagna (32 anni) alle Pari opportunità, Maria Stella Gelmini (34 anni) all'Istruzione, Angelino Alfano (37 anni) alla Giustizia e Raffaele Fitto (39 anni) agli Affari regionali. I ministeri chiave vanno a Frattini (Esteri), a Maroni (Interni), a Tremonti (Economia e Finanza) a La Russa (Difesa). Nel complesso, 61 tra ministri e sottosegretari (un numero tra i più contenuti degli ultimi tempi), che tuttavia aumenteranno nell'ultima fase della vita del governo, in conseguenza della campagna acquisti per compensare l'uscita dal partito di Fini e dei suoi.

Ma fatto il governo, piuttosto che alle riforme, la maggiore attenzione del premier si rivolgerà ai suoi numerosi processi e alla lotta più che decennale contro la magistratura. Uno dei primi disegni di legge sarà il cosiddetto lodo Alfano. La legge «Disposizioni in materia di sospensione del processo penale nei confronti delle alte cariche dello stato», che prende il nome del ministro della Giustizia, viene presentata già il 26 giugno, e il giorno successivo il governo approva il decreto che prevede l'immunità per le quattro più alte cariche dello stato: il presidente della Repubblica, i presidenti delle due Camere e il presidente del Consiglio, su cui pende la spada di Damocle del processo Mills. Il lodo Alfano, che incontra la forte opposizione del PD (Veltroni, che già a metà maggio aveva incontrato Berlusconi, suscitando più di una critica all'interno del PD, deciderà la sospensione di ogni dialogo con la maggioranza di governo), avrà vita breve; il 7 ottobre 2009 verrà fatto decadere dalla Corte costituzionale perché in conflitto con gli articoli 3 e 138 della Costituzione. Ma già prima del lodo Alfano, il governo aveva proposto una serie di misure per meglio garantire «la sicurezza dei cittadini», un tema che era stato al centro della campagna elettorale; vengono inasprite le pene per rapine, reati di stupro e furti; del pacchetto fa parte anche un provvedimento di sospensione per un anno dei processi per reati puniti con la reclusione fino a dieci anni. È la cosiddetta norma «blocca processi» che permetterà a Berlusconi un rinvio del processo Mills e una forte riduzione nei termini della prescrizione. Ma la misura incontrerà la decisa opposizione del capo dello stato, e quella non meno determinata della magistratura; ambedue costringeranno il governo a ritirarla.

Quasi contemporaneamente sorge la questione delle intercettazioni telefoniche, secondo il governo troppo numerose e con costi troppo alti per il contribuente. I costi sono realmente eccessivi ma c'è il sospetto che si vogliano limitare le capacità investigative dei giudici all'insegna di una sempre maggiore impunità per un certo tipo di reati. Dopo un lungo dibattito fuori e dentro la maggioranza, a fine gennaio 2009 il governo raggiunge un accordo in materia di intercettazioni che sono consentite solo in caso di «gravi indizi di reato» e per un periodo di 45 giorni prorogabili di 15.

Già alla fine di maggio ha luogo uno scontro tra il governo e la procura di Napoli sulla questione dei rifiuti. Il problema dei rifiuti che si accumulano nelle strade e nelle piazze della città partenopea si ripropone periodicamente per la saturazione delle discariche e la mancanza di termovalorizzatori, progettati ma mai costruiti. Una delle crisi più acute si verifica alcuni giorni dopo l'insediamento del governo. Le foto delle immondizie abbandonate nelle strade di Napoli fanno il giro del mondo e l'UE invita l'Italia ad affrontare il problema. Berlusconi per dare una prova delle sue capacità organizzative, che l'opinione pubblica continua a riconoscergli, indice una riunione speciale del governo a Napoli per affrontare il problema. Guido Bertolaso, capo della protezione civile, ormai affermatosi come l'uomo delle emergenze, trova una soluzione (destinata, come le precedenti, a rivelarsi temporanea) grazie a un accordo con i sindaci della zona. Ma i magistrati della procura di Napoli denunciano al Csm l'incostituzionalità della superprocura, prevista dal decreto emesso dal governo sull'emergenza rifiuti. Berlusconi interviene a difesa di Bertolaso, attacca i magistrati napoletani e accusa il Csm di esorbitare dalle sue funzioni.

Le occasioni di conflitto tra il premier, la magistratura e i suoi organi, ma soprattutto le reciproche accuse continueranno negli anni successivi con un crescendo preoccupante per la stabilità delle istituzioni, e ciò indurrà il capo dello stato a intervenire alternativamente a difendere le prerogative della magistratura, ma anche a criticarne gli eccessi e a richiamare il Csm tutte le volte che esso intenderà esercitare un'azione di critica sulla politica del governo e sulla legittimità costituzionale delle sue decisioni, compito che non rientra nei suoi poteri. Ne soffriranno inevitabilmente l'azione dell'esecutivo, i rapporti con l'opposizione e il clima generale del paese, negativamente influenzati dalla guerriglia che si svolge quasi quotidianamente tra il premier e i giudici e che talvolta, nelle dichiarazione rilasciate dal premier durante i suoi frequenti viaggi all'estero, esce dai confini nazionali. Berlusconi si rifiuterà di sottoporsi al giudizio della magistratura e ricorrerà a un'azione costante di autodifesa condotta sia sul piano strettamente legale, sia su quello politico, mobilitando, oltre che i suoi avvocati, i media sotto il suo controllo e i simpatizzanti.

D'altra parte il costante assedio a cui il premier è sottoposto, pur giustificato sul piano giuridico, sembra denunciare l'esistenza di un disegno perseguito da una fazione pur minoritaria della magistratura che una parte del paese interpreterà come una vera e propria persecuzione nei confronti del premier. Così il conflitto tra il premier e le «toghe rosse», confondendo le motivazioni politiche con quelle giudiziarie, mette in pericolo gli equilibri tra gli organi dello stato e porta la lotta politica in seno alle istituzioni.

*Una crisi epocale*

Il fattore che influenzerà profondamente tutta l'azione del quarto governo Berlusconi sarà lo scoppio della crisi mondiale, il cui primo e più violento impatto si farà sentire all'inizio del nuovo mandato, ma che continuerà a pesare negativamente durante tutto il suo svolgimento fino a creare una situazione disastrosa per il paese e a costituire, tre anni dopo, il fattore determinante della fine del governo.

La crisi, giustamente definita epocale e che per alcuni aspetti ricorda quella del '29, ha origine negli Stati Uniti in seguito alle operazioni speculative delle grandi banche americane, condotte sul piano mondiale; la bolla immobiliare e la crisi del subprime faranno da detonatore.

Dagli Stati Uniti la crisi si estende rapidamente all'Europa per raggiungere i suoi momenti più drammatici tra la fine del 2008 e il 2009, coinvolgendo alcune delle più grandi banche internazionali: la Lehman Brothers e la Bear Stearns negli Stati Uniti, la Bank of Scotland e la franco-belga Fortis insieme ad altre in Europa. Il sistema bancario occidentale è scosso dalle enormi perdite di valore di titoli e di crediti bancari difficilmente esigibili, e i governi sono costretti a intervenire iniettando liquidità nel sistema finanziario per salvare parzialmente banche e risparmi o addirittura, data la dimensione degli interventi, a procedere a parziali nazionalizzazioni (è il caso della Gran Bretagna, dei Paesi Bassi e della Svizzera) di alcuni istituti di credito coinvolti nelle operazioni speculative. Questi salvataggi mettono in grave crisi le finanze degli stati più deboli; nascono i casi dell'Islanda, della Grecia, dell'Irlanda e del Portogallo, paesi costretti da enormi deficit di bilancio e da debiti pubblici insostenibili a ricorrere ad aiuti internazionali, quelli del Fmi primariamente, e poi della Banca centrale europea, che al fine di evitare bancarotte a catena e il blocco del credito, pur tardivamente, si vedrà costretta ad acquistare quantità crescenti di titoli di credito dei paesi in difficoltà e a disporre un massiccio programma di aiuti finanziari alle banche.

Presto la crisi finanziaria si trasferisce nei vari settori dell'economia reale. Già nel secondo trimestre del 2008 le economie dell'Eurozona perdono lo 0,2%, ma è solo l'inizio; il 2009 è l'anno in cui la crisi economica sembra toccare il fondo con la contrazione della crescita, la caduta degli investimenti, l'aumento della disoccupazione. Ma il peggio deve ancora venire.

In un mondo globalizzato le crisi non risparmiano nessuno e anche l'Italia rimane coinvolta, ma, in una prima fase, in misura più limitata per ciò che riguarda il settore finanziario. Le nostre banche, salvo un paio, non hanno la proiezione internazionale dei grandi istituti di credito inglesi, francesi, tedeschi e pertanto hanno partecipato solo marginalmente alle grandi operazioni speculative; ma il punto debole dell'Italia è il grosso debito nazionale accumulato negli anni, pari al 106,30% del Pil (2008) e destinato a salire rapidamente fino al 120% del Pil (2011). La crescita dell'economia riprende nel 2010, ma a ritmi decisamente inferiori rispetto a quelli di altri paesi europei nostri concorrenti, come la Francia e soprattutto la Germania che, grazie a una ristrutturazione del sistema economico e dei rapporti con i sindacati, entra in una fase di grande espansione a partire dal 2009.

Per un governo come quello di Berlusconi, che ha fatto della riduzione delle tasse uno dei punti caratterizzanti del proprio programma, una riduzione che, a eccezione dell'abolizione dell'Ici sulla prima casa e della detassazione degli straordinari, la situazione costringerà a rinviare *sine die*, non c'è altra soluzione, almeno in un primo momento, che il taglio della spesa, onde evitare la crescita del deficit che renderebbe più costoso il finanziamento del debito.

Il ministro Tremonti diventerà il severo controllore della spesa pubblica. Grazie alla carta bianca ricevuta dal premier e al sostegno della Lega, fin dalla prima finanziaria, che prevedeva una manovra da 36 miliardi nel triennio, sottoponeva il bilancio dello stato a una serie di tagli che riducevano considerevolmente i programmi di spesa dei vari ministeri, fino a provocare le proteste, prima sommesse e poi aperte, dei colleghi di governo.

«Per far cassa» Tremonti ricorrerà, come già nel passato, ad alcuni condoni fiscali, tra cui il più importante, anche per le risorse che fornirà al Tesoro, quello che favorisce il rientro in Italia dei depositi e delle proprietà costituite illegalmente all'estero, il cosiddetto «scudo», che riporta in Italia 95 miliardi di euro che vengono tassati al 5%, una percentuale giudicata dai partiti di sinistra troppo favorevole agli evasori. Un'altra importante misura anticrisi a favore del sistema bancario saranno i cosiddetti «Tremonti bonds», cospicui prestiti alle banche a insufficiente capitalizzazione per permettere di resistere meglio alle contingenze della crisi. Una espressione del «neocolbertismo» del ministro dell'Economia sarà la creazione a ottobre 2009 della Banca per il sud, per stimolare, oltre alla raccolta, anche i finanziamenti di imprese economiche che le banche meridionali avevano difficoltà a erogare.

Tremonti, e con lui molti economisti, è convinto che la soluzione della crisi italiana richieda la valorizzazione delle risorse umane e materiali delle province meridionali, dove la crisi è più acuta e la disoccupazione, specie giovanile, raggiunge il 40% (Fornero). Ma dopo questo primo intervento, che oltretutto stenterà a decollare, mancherà un piano sistematico per il rilancio dell'economia meridionale, penalizzata da dismissioni (come quella della fabbrica di Termini Imerese da parte della Fiat) e da carenza di investimenti.

Accanto alla politica economica anticrisi di Tremonti, altri membri del governo cercheranno di introdurre misure di modernizzazione e di razionalizzazione dell'apparato amministrativo. In questa attività si distinguerà il ministro Renato Brunetta che diventerà noto per i controlli introdotti negli uffici statali diretti a denunciare il fenomeno dell'assenteismo che riduceva la produttività del lavoro. Brunetta affronterà problemi come la valutazione del merito e i suoi concreti riconoscimenti, quello della trasparenza e della responsabilità della dirigenza, e più in generale della riduzione degli sprechi.

Nato come progetto bipartisan, il piano di riorganizzazione amministrativa diventa ben presto il cavallo di battaglia di Brunetta, che nel 2009 esce dai sondaggi di opinione come il più apprezzato dei ministri; in realtà a qualche anno di distanza i risultati appaiono alquanto limitati rispetto alle aspettative originarie. Il governo aveva impostato la riforma dell'amministrazione come un problema con caratteristiche analoghe in tutti i suoi vari settori, evitando di contestualizzare carenze e inefficienze che avrebbero dovuto essere affrontate caso per caso, di mettere a punto tecniche e strumenti idonei alle valutazioni di un'ampia diversità di situazioni e soprattutto di coinvolgere nella programmazione dei cambiamenti dipendenti e utenti dei servizi.

La riforma più importante, portata a termine in tempi relativamente brevi, sarà quella della scuola e dell'università che prenderà il nome del ministro dell'Istruzione Gelmini. La riforma si concretizza in una serie di decreti legge che affrontano ogni ordine di istruzione, prima le scuole primarie e secondarie e successivamente le università. La riforma della scuola media non si discosta in modo sostanziale dai criteri seguiti dalla legge Moratti, congelata durante i due anni del secondo governo Prodi. L'insegnamento di educazione civica viene reintrodotto nelle scuole primarie e secondarie, e così pure la figura dell'insegnante unico e le valutazioni di merito tradizionali, con il ritorno alla votazione numerica decimale. Una particolare attenzione viene riservata all'insegnamento delle lingue straniere e specialmente all'inglese. Molto più incisiva la riorganizzazione del sistema universitario, specie per ciò che riguarda la selezione e la nomina del personale docente, che troppo spesso avveniva per motivazioni familistiche e corporative. Comune a tutti i livelli, dalla scuola media all'università, è un drastico taglio dei fondi, richiesto dai programmi di austerity di Tremonti, che a livello universitario si traduce oltre che in una riduzione nel numero dei corsi, che si era andato inflazionando nel clima di anarchia che aveva caratterizzato l'università italiana negli ultimi vent'anni, inevitabilmente anche nella riduzione delle opportunità per una parte del personale docente.

La riforma Gelmini susciterà molte proteste da parte di coloro che si considereranno danneggiati, ma anche approvazioni da una parte degli addetti ai lavori. In effetti la riforma mira soprattutto a bloccare le situazioni più compromesse e un degrado inaccettabile. Per valutarne gli effetti sarà necessario attendere tempi non brevi.

Le conseguenze della crisi che, a partire da metà 2009, comincerà a incidere nel settore industriale portando al ridimensionamento e alla chiusura di numerose aziende, i tagli apportati dalla politica di austerity in vari settori dell'amministrazione pubblica (ma gli stipendi nel settore pubblico continueranno ad aumentare), i fallimenti di imprese commerciali nel terziario contribuiranno alla crescita della disoccupazione. Rispetto ad altri paesi, come Spagna, Grecia e Stati Uniti, in Italia il fenomeno, in una prima fase, resta contenuto, tra l'8% e l'8,5% (2010), ma è destinato ad aumentare dal 2011, anno in cui la disoccupazione giovanile raggiunge e supera il 30%. Si gonfia il settore del lavoro precario e cresce a dismisura la cassa integrazione. Il governo avverte le conseguenze di questa situazione con qualche anticipo, e già a fine novembre 2008 (decreto legge n. 185) adotta una serie di provvedimenti per venire incontro alle famiglie più bisognose. Il cosiddetto «pacchetto anticrisi» comprende la *social card* di 40 euro mensili, una specie di tessera per acquistare gratis prodotti alimentari e pagare le utenze, un bonus straordinario da 200 a 1.000 euro per le famiglie a più basso reddito e una serie di misure per ridurre l'incidenza dei mutui a tasso variabile. Ma più importanti allo scopo di mantenere un minimo di reddito, e quindi di capacità di spesa e di consumi, sono i provvedimenti relativi al prolungamento dei trattamenti di integrazioni salariali (cassa integrazione) e al loro allargamento a categorie di lavoratori che precedentemente ne erano esclusi. Resta tuttavia la difficoltà per i lavoratori atipici (lavoratori dipendenti a termine o occasionali) di accedere a una qualche forma di sovvenzione e vengono lasciate cadere da parte del governo le proposte per una più ampia riorganizzazione del welfare in materia di disoccupazione che fornisca a tutti i lavoratori disoccupati un reddito garantito (60% della retribuzione?).

## Il dibattito sui temi etici: il caso Englaro

I dibattiti pubblici su questioni etico-religiose svoltisi nel paese nel corso dell'ultimo decennio testimoniavano la nascita di una nuova sensibilità per problemi di grande rilevanza umana e ideale che nel passato, anche recente, erano rimasti sullo sfondo degli interessi e della cultura del paese, strettamente limitati a dimensioni familiari o individuali. Insieme alla nascita di una nuova sensibilità sociale e civile essi dimostravano anche le profonde divisioni esistenti nella società italiana in materia di valori, culture e stili di vita, e quanto persistente fosse ancora l'influenza della Chiesa cattolica e dei precetti religiosi nell'ambito di scelte che in altri paesi d'Europa erano lasciate esclusivamente alla coscienza civile degli individui.

Il dibattito sulla fecondazione assistita e sulle varie tecniche suggerite da una ricerca sempre più avanzata (fecondazione eterologa, clonazione, maternità surrogata) approdava alla legge del febbraio 2004 che fissava una serie di no (no ai donatori, al congelamento dell'embrione, all'utero in affitto) e successivamente al referendum sulla fecondazione assistita del giugno 2005, fallito per mancanza del *quorum*.

Un altro grande tema di dibattito era quello del testamento biologico e dell'accanimento terapeutico in riferimento a un caso destinato a una lunga e dura polemica che coinvolgeva governo, paese e Chiesa cattolica, quello di Eluana Englaro, una ragazza entrata in coma irreversibile in seguito a un incidente stradale quando era poco più che ventenne. Dopo anni di degenza in stato vegetativo permanente, il padre Beppino Englaro si rivolgeva alla giustizia per ottenere il permesso di sospendere le cure e di porre fine a una condizione di vita artificiale. La lotta tra il padre di Eluana e la giustizia italiana durò più di un decennio fino a quando, nell'ottobre del 2007, la Corte di cassazione decise che il giudice poteva autorizzare l'interruzione delle cure. Nel luglio 2008 la Corte di appello di Milano autorizzava la fine dei trattamenti ma contemporaneamente si manifestavano nel paese le proteste di chi era contrario a qualsiasi forma di interruzione della vita e sorgevano numerose iniziative a vari livelli per bloccare la decisione della giustizia e renderla inoperante. Sensibile, come già in altre occasioni, alle pressioni della Chiesa e delle organizzazioni cattoliche, il governo Berlusconi compirà un tentativo di bloccare l'iniziativa con un decreto legge *ad hoc*, la cui promulgazione sarà impedita dal rifiuto del presidente della Repubblica di firmarlo, giudicandolo anticostituzionale. Il 9 febbraio, alla vigilia del voto su di un disegno di legge che il governo aveva deciso di presentare in alternativa al decreto bocciato, Eluana Englaro spirava in conseguenza della sospensione della nutrizione e dell'idratazione, attuate in seguito al permesso della Corte d'appello.

Più ancora del caso di Piergiorgio Welby che, affetto da distrofia muscolare, nel settembre 2006 aveva chiesto al presidente Napolitano l'autorizzazione a porre fine alle sofferenze senza ottenerla, e di quello di Giovanni Nuvoli che nel luglio 2007 si era lasciato morire privandosi del cibo e dell'acqua, il caso Englaro aveva profondamente commosso e diviso il paese. Da quel caso e da quel dibattito nasceva la proposta del testamento biologico, o «dichiarazione anticipata di trattamento», che, in armonia con l'articolo 32 della Costituzione, prevedeva che una persona in pieno possesso delle facoltà mentali esprimesse le proprie volontà sui trattamenti medici ai quali non avrebbe voluto essere sottoposta nel caso di una malattia che le precludesse la capacità di decidere. Nel marzo 2009 veniva approvato al Senato un decreto legge sul testamento biologico; in attesa del voto della Camera, la discussione e le relative modifiche sulla legge si svolgeranno per più di due anni.

La questione che alimentò le maggiori polemiche e su cui si divideva l'opinione pubblica era quella se si dovessero o no considerare l'alimentazione e l'idratazione come parte della terapia medica e del cosiddetto accanimento terapeutico. L'intervento della Chiesa e delle sue gerarchie fu ancora una volta pressante per il timore che, attraverso il testamento biologico, venissero introdotte pratiche di eutanasia mascherata. Ancora a metà del 2011 la legge subiva un ennesimo rinvio. Ma in attesa della sua approvazione, in molti comuni venivano raccolti i testamenti biologici dei cittadini residenti nel territorio comunale, a testimonianza di una esigenza ormai maturata nella coscienza della gente.

Ma, ancora distanti e poco informati sui problemi di una moderna società laica, più che sulla natura delle questioni in discussione, gli italiani finivano per dividersi sui versanti tradizionali della lotta politica e delle lealtà religiose.

## Novità sul fronte dei partiti

La riforma Gelmini è l'ultimo atto importante del quarto governo Berlusconi, che per il resto del suo mandato «naviga a vista». Nonostante l'eccezionale maggioranza ottenuta alle elezioni del 2008, il governo si muove con lentezza quasi fosse incapace di operare; manca una strategia per la legislatura ma manca anche un programma di lavoro a breve. Agli annunci di cui il leader è sempre prodigo non segue la realizzazione delle opere, e quando esse iniziano, vengono poi sospese per affrontare improvvise contingenze. Nonostante altre due elezioni, quelle per il Parlamento europeo nel giugno 2009 e quelle amministrative che si svolgono in contemporanea, e specie le seconde, diano ai partiti di governo una netta vittoria, la coalizione di centrodestra si indebolisce per ragioni interne. Forza Italia e Alleanza nazionale, dopo i rispettivi congressi di scioglimento, tengono il congresso di fondazione del nuovo partito a fine marzo del 2009 e già in quell'occasione si manifesta la contrapposizione tra Berlusconi e Fini che, alla vigilia del congresso, dichiara che il Pdl non dovrà essere il partito di una persona bensì una forza politica «ampia, plurale, inclusiva». È un avvertimento per il cavaliere, che del partito si è sempre considerato il padre-padrone, e riflette l'intenzione del leader di AN di mutare gli equilibri nel nuovo partito. Fini ha iniziato da tempo l'itinerario che lo porterà prima in rotta di collisione e poi in aperto conflitto, fino alla rottura, con Berlusconi. L'obiettivo del leader di AN è la successione al cavaliere nella direzione del governo e, data l'età di Berlusconi (73 anni nel 2009), di successione si comincia già a parlare all'interno del gruppo dirigente, e con la crescente influenza della Lega comincia a delinearsi l'obiettivo di Bossi di un presidente del Consiglio leghista, Maroni o Tremonti, che leghista propriamente non è ma che è molto vicino al partito. Fini sente che è venuto il momento di assumere una propria identità politica e comincia a smarcarsi dal programma della coalizione e sempre più frequentemente a esprimersi in contraddizione e talvolta in aperto contrasto con le posizioni del governo su temi significativi: quelli dell'immigrazione, della giustizia e delle istituzioni. Sui primi è favorevole a una politica di maggiore integrazione, arrivando a proporre il diritto di voto per gli emigrati (prendendosi del «matto» da Bossi). Sulla giustizia frena Berlusconi, si avvicina alle posizioni più moderate del PD e critica il processo breve; sui temi istituzionali, difende le prerogative di un Parlamento che sempre più spesso è posto di fronte a decisioni già prese altrove e a una decretazione di urgenza che limita le occasioni e gli spazi di discussione e di dibattito.

È un'escalation che diventa sempre più evidente fino a quel «Che fai, mi cacci?», quando nell'aprile 2010, nel corso di una direzione del nuovo partito, il presidente della Camera, seduto in prima fila, si alza e si avvicina al podio da cui parla Berlusconi per respingere gli attacchi verbali del premier. La rottura definitiva si consuma nel luglio 2010 con la scissione di una parte della vecchia componente di AN. Con Fini escono dal Pdl 33 deputati e 10 senatori che formano nuovi gruppi parlamentari e un partito nuovo, Futuro e libertà per l'Italia, mentre la vecchia guardia di AN, i colonnelli (La Russa, Gasparri, Matteoli), restano con Berlusconi. Gli scissionisti assicurano sostegno, pur condizionato, al governo, che tuttavia perde alcuni dei suoi membri: Andrea Ronchi e Adolfo Urso, entrambi ministri, e tre sottosegretari si uniranno alla nuova formazione. Comincia da parte degli organi di stampa e delle televisioni di Berlusconi la demolizione dell'ex alleato. La «macchina del fango», espressione di una politica sempre più imbarbarita, investe il presidente della Camera di cui i berlusconiani chiedono insistentemente le dimissioni dalla terza carica dello stato, senza ottenerle.

Uno dei temi dell'aggressione mediatica a Fini sarà la questione di una casa di Montecarlo, lasciata al partito da una ricca simpatizzante e presumibilmente rivenduta a prezzo di favore al cognato di Fini, Giancarlo Tulliani.

In seguito alla defezione dei deputati scissionisti e nel timore di altri abbandoni comincia per Berlusconi e i suoi uomini l'affannosa ricerca di una nuova maggioranza attraverso la cooptazione di membri provenienti dalla periferia del Parlamento. La nuova maggioranza avrà il suo battesimo il 14 dicembre 2010 quando, su una mozione di fiducia presentata al Senato dai parlamentari del Pdl, il governo ottiene 162 voti a favore contro 135 contrari e 11 astenuti. Alla Camera dei deputati, su una mozione di sfiducia dell'opposizione (PD e Idv), il governo passa con 314 voti contro 311 e 11 astensioni.

Berlusconi annuncia la sua intenzione di allargare la maggioranza di governo e ben presto (marzo 2011) si costituisce un gruppo di fiancheggiatori uniti nella «coesione nazionale», meglio conosciuti come i «responsabili», che in cambio di nomine governative (un ministro e diversi sottosegretari) assicurano una più solida maggioranza. Il governo si rafforza ma la sua base partitica resta debole. La Lega, il maggior alleato di Berlusconi, ha seguito la complessa manovra di recupero con crescente perplessità e di quando in quando Bossi non risparmia le sue critiche.

Si indebolisce, in maniera irreversibile secondo alcuni osservatori, anche la posizione personale di Berlusconi, a causa di alcuni scandali a sfondo sessuale che cominciano a trapelare fino a venire alla luce con una serie di episodi che rimarranno per mesi al centro della curiosità degli italiani e della stampa internazionale, sempre meno benevola nei confronti del premier italiano.

*Gli scandali di Berlusconi*

L'inazione di fronte alla crisi che sta provocando un impoverimento dei ceti più deboli, mantenendo per tutti l'incertezza per il futuro, l'ostinazione a negare l'esistenza dei problemi e soprattutto una nuova ondata di scandali influiranno in modo decisivo sull'immagine pubblica del cavaliere e sulla sua credibilità. La fiducia che tanta parte del paese aveva riposto nell'uomo che pretendeva di avere le soluzioni per ogni problema comincia a vacillare.

La ripetizione quasi ossessiva dei temi che nel passato avevano garantito al premier l'adesione spesso acritica di tanta parte dell'elettorato, come il pericolo di una sinistra eversiva e ancora minacciosa, comincia a perdere la sua presa, mentre le ottimistiche dichiarazioni sulle condizioni del paese («i ristoranti sono pieni e gli aerei sono sempre prenotati») vengono smentite quotidianamente dall'incalzare della crisi. Ma almeno fino alla primavera del 2011 i sondaggi non segnalano variazioni sensibili sul consenso per il premier e per il suo governo.

Berlusconi avrà ancora i suoi momenti di popolarità, quando si occuperà di liberare temporaneamente Napoli dall'assedio dei rifiuti, e nell'aprile del 2009, al momento del terremoto dell'Aquila, che indurrà il premier ad agire con prontezza in una prima fase del processo di ricostruzione che offre soluzioni edilizie discutibili, ma rapide e sicure, a migliaia di senzatetto. Un successo che si rinnova qualche mese dopo in occasione del G8 che, trasferito all'Aquila dall'isola della Maddalena dove era stato precedentemente programmato, vedrà Berlusconi far da guida al presidente Obama nella visita alla città semidistrutta. In breve, però, è il capoluogo abruzzese a tornare sotto i riflettori, con l'esplodere di uno scandalo legato a una «cricca» di affaristi e di costruttori che travolge la protezione civile e il suo capo, il popolare Guido Bertolaso.

Quasi contemporaneamente viene alla luce una serie di episodi della vita privata del presidente del Consiglio. Non sono novità eclatanti: che il premier prediligesse la presenza alle sue feste di donne giovani e attraenti era noto, e se per alcuni era occasione di critica per altri era motivo di ammirazione, in conformità con l'ethos nazionale; ma questa volta colpiscono la crudezza dei rapporti e la volgarità delle circostanze che li accompagnano. Ad aprire la serie è la partecipazione al compleanno di Noemi Letizia, una ragazza di Portici i cui rapporti con Berlusconi rimangono imprecisati ma provocano la reazione della moglie del presidente, Veronica Lario, e la sua decisione di chiedere la separazione. Poi ci sono i rapporti con Giampiero Tarantini, un sedicente imprenditore barese, procacciatore di appalti nell'edilizia e nella sanità, ma soprattutto fornitore di «escort» (per usare un neologismo largamente adottato) per le feste del cavaliere.

Più tardi a fianco di Tarantini emergerà un nuovo personaggio, Walter Lavitola. I due approfittavano dei buoni rapporti col cavaliere per ottenere prestiti e favori che alla magistratura appariranno come vere e proprie estorsioni.

Ma l'episodio che danneggia più seriamente l'immagine del cavaliere in Italia e soprattutto all'estero è quello di Karima El Mahroug («Ruby Rubacuori»), una minorenne marocchina che nell'estate del 2010 racconta ai pm di Milano le sue visite alla villa di Arcore. Attraverso intercettazioni telefoniche emergerà che il cavaliere, in piena notte, aveva telefonato alla Questura di Milano, dove Ruby era stata portata dopo una violenta lite con una compagna di stanza, inducendo il funzionario di turno a lasciar libera la ragazza perché nipote di Mubarak, il rais egiziano (più tardi, quando l'episodio arriverà in Parlamento, ben 315 parlamentari accrediteranno con il voto la favola di Mubarak). Con l'episodio di Ruby, Berlusconi rischia l'accusa di concussione, ma soprattutto, se i rapporti sessuali con la ragazza fossero confermati, quella di aver abusato di una minorenne. Inoltre l'affare Ruby rivela l'esistenza di un vero e proprio harem di giovani ragazze ospitate in appartamenti a spese del premier che provvede generosamente al pagamento delle utenze e a distribuire regali e somme di danaro secondo le prestazioni delle allegre fanciulle che nelle ville di Berlusconi partecipano a rituali a sfondo sessuale ribattezzati dallo stesso premier come «bunga bunga», in allusione a raduni orgiastici di origine esotica.

Queste rivelazioni danneggiano seriamente Berlusconi, forse al di là di ogni possibile recupero. Lo danneggiano all'estero dove la sua immagine era già notevolmente logorata, al punto di rendere imbarazzanti le sue partecipazioni alle conferenze internazionali, ma lo danneggiano anche in Italia; la qualità degli svaghi del presidente e quella delle persone di cui il premier si circonda suggerisce l'esistenza di un livello di volgarità e di leggerezza inconciliabili con responsabilità di governo in qualsiasi momento, ma in particolare in quello della drammatica crisi che il paese sta attraversando. A incidere sul consenso per il presidente del Consiglio contribuiscono anche i sistemi di reclutamento, vero e proprio mercato, di nuovi parlamentari per puntellare una maggioranza diventata più instabile. I vantaggi promessi e chiaramente concessi alle nuove reclute provenienti da gruppi di indipendenti e ai transfughi dei partiti di opposizione esasperano una protesta pubblica espressasi già da tempo contro la corruzione, i costi della politica e i privilegi spesso assurdi di coloro che vi operano.

## ...e quelli del centrosinistra

Anche l'opposizione avrà i suoi scandali e anch'essi a sfondo sessuale. Il presidente della regione Lazio, eletto nelle liste del PD, Pietro Marrazzo, viene accusato di un rapporto con un transessuale, c'è un video che lo prova. Sarà costretto alle dimissioni e, alle elezioni del marzo 2010, che segnano un nuovo successo per il partito di Berlusconi, la regione andrà al centrodestra con Renata Polverini. Poi, qualche tempo dopo, è il turno del sindaco di Bologna, accusato dell'utilizzo di fondi pubblici per viaggi di piacere suoi e della fidanzata, che non esiterà a confermare le accuse. Ma i guai del maggior partito di opposizione nascono anche dalla difficoltà di coabitazione nel PD delle due componenti, quella ex comunista del Pds e quella cattolica della Margherita. A metà febbraio 2009 Veltroni aveva dato le dimissioni dalla segreteria dopo la sconfitta subita dal partito nelle elezioni regionali sarde. Gli era successo per pochi mesi Dario Franceschini, ma poi in autunno si erano tenute le primarie. I risultati definitivi avevano visto vincitore Pier Luigi Bersani con il 53,2%, seguito da Franceschini con il 34,3% e dal senatore Iganzio Marino con il 12,5%. La segreteria Bersani non sarà sempre all'altezza dei problemi del partito che non sono solo quelli di una maggiore coesione tra personaggi e gruppi di diversa provenienza, ma riguardano soprattutto la capacità di condurre un'opposizione più muscolare nei confronti del governo, sempre più in difficoltà e ormai in una condizione vicina allo stallo per via di una maggioranza raccogliticcia e insicura e per i molti problemi del cavaliere.

Spesso il partito, paralizzato dal gioco dei veti incrociati, non riesce a esprimere i candidati più idonei per le cariche pubbliche e a sostenerli nel corso delle consultazioni. È il caso delle regionali del marzo 2010 nel Lazio, dove il PD dovrà ripiegare sulla rappresentanza della radicale Emma Bonino nel confronto con Renata Polverini, e in Puglia, dove il candidato del partito Francesco Boccia soccomberà nelle primarie a Nichi Vendola, il leader di Sel, e infine a Napoli, nel dicembre 2010, quando le primarie del PD verranno annullate per una serie di brogli. L'opposizione, quella dura e talvolta aggressiva, non priva di accenti demagogici e populisti, è invece condotta dall'alleato del PD, l'Italia dei valori di Di Pietro, mentre i Radicali, che con i loro nove rappresentanti fanno parte del PD, portano avanti le loro battaglie sui temi di sempre (la mancanza di legalità, la condizione delle carceri, la trasparenza dell'amministrazione, la campagna per una società più laica) senza tuttavia riuscire a portare su questi temi il PD, che sembra correre il rischio di spaccarsi se si impegna. A fare l'opposizione concorrono anche i seguaci del comico genovese Beppe Grillo che ha fondato il Movimento di liberazione nazionale o 5 stelle. Ma l'opposizione dei «grillini» è a 360° contro tutti i partiti, i politicanti e, in sostanza, contro la politica. È un'espressione di quel populismo che si sta ormai diffondendo e che ha in Grillo la sua espressione più popolare e nello stesso Berlusconi quella indirizzata alla classe media. Le adunate di Grillo sono degli happening, dove il linguaggio raggiunge punte di violenza e di scurrilità; l'eloquio di Berlusconi è più forbito, più aziendale, ma l'attacco alla democrazia partitocratica è comune ad ambedue. Anche la Lega Nord, che dalle sue roccaforti lombarde e venete sta cercando di scendere al centro, è un partito antisistema e fa parte della maggioranza solo per preparare quella che potrebbe essere una vera rivoluzione istituzionale, la trasformazione di una struttura di governo tradizionalmente centralista in uno stato federalista, ma dietro il quale continua a celarsi un federalismo senza lo stato di «Roma ladrona».

La prospettiva di ottenere un complesso di misure legislative dirette a realizzare il federalismo ha costituito il più robusto legame dell'alleanza della Lega con il Pdl, insieme al forte rapporto personale tra Bossi e Berlusconi. Anche se, secondo alcuni osservatori (Ilvo Diamanti), quel legame rischia di fare della Lega un'«isola nell'arcipelago berlusconiano».

L'approvazione delle misure sul federalismo fiscale municipale con il voto del 2 marzo 2011, che assegna ai comuni una serie di tributi sulla proprietà immobiliare, sembra avvicinare il traguardo; ma con le sole misure finanziarie il federalismo rimarrebbe monco e le riforme istituzionali che esso richiede per una completa realizzazione, *in primis* la Camera delle regioni, appaiono ancora lontane.

I punti di forza della Lega restano i suoi insediamenti tradizionali in Lombardia e Veneto, insieme a una classe di amministratori provinciali e comunali competenti; negli ultimi anni ha espresso una dirigenza regionale di buon livello e anche qualche apprezzata presenza nel governo nazionale, come quella di Maroni, il più popolare nella base del partito e la più probabile alternativa alla leadership di Bossi.

Al centro dello schieramento resta l'Udc (Unione di centro) di Pierferdinando Casini che, in alleanza con Futuro e libertà di Fini e l'Alleanza per l'Italia (Api), il nuovo partito fondato da Francesco Rutelli nel novembre del 2009 dopo l'abbandono del PD, si prepara all'uscita di scena di Berlusconi per rompere l'attuale struttura bipolare e bipartitica del sistema politico e proporsi come ago della bilancia tra destra e sinistra, o per rilevare in tutto o in parte l'eredità del cavaliere se il Pdl non sopravvivesse al suo fondatore.

All'estrema sinistra dello schieramento politico Rifondazione comunista, privata di una base operaia ormai ridotta da un processo di deindustrializzazione in corso da un ventennio, raggiungerà appena l'1,5%. Dopo la sconfitta subita alle elezioni del 2008 dalla Sinistra arcobaleno di cui Rifondazione era la maggiore componente, alla segreteria di quest'ultima si candida Nichi Vendola, ex bertinottiano, che tuttavia non viene eletto per pochi voti (la mozione della sua corrente, Manifesto per la Rifondazione ottiene il 47,3%). Nel febbraio 2009 Vendola esce da Rifondazione e nel dicembre dello stesso anno costituisce un nuovo partito, Sinistra, ecologia e libertà (Sel), che mira a riunire le diverse anime della sinistra italiana ma è tenuto in una specie di limbo dal PD, che se di tanto in tanto sembra indulgere all'idea di una alleanza, se ne ritrae successivamente per non compromettere l'immagine ormai acquisita di un partito di sinistra che va verso il centro. Nel corso del 2012, però, le posizioni dei due partiti si avvicineranno e mentre Sel diventa alleato del PD, l'Idv di Di Pietro se ne allontana.

In realtà i due partiti maggiori, che dovrebbero dare basi certe a quel sistema bipartitico che pur per opposte ragioni raccoglie simpatie sia a destra sia a sinistra, rappresentano una varietà di posizioni che i due leader di partito non riescono a unificare; ma mentre la leadership di Berlusconi è assoluta e riconosciuta all'interno del Pdl, quella di Bersani è tollerata e sommessamente contestata. Presto la contestazione al segretario e a tutto il vecchio gruppo dirigente si fa aperta e i vertici del PD si trovano sotto attacco da parte dei trentenni del partito, con capofila il sindaco di Firenze, Matteo Renzi, che dichiarano apertamente la loro intenzione di «rottamare» la vecchia classe dirigente, accusata di politicismo e di incapacità a far fronte alle sfide del presente. Nel corso dell'estate 2012 Renzi, passando dalle parole ai fatti, inizia una vera e propria campagna contro la dirigenza del PD, incontrando un successo crescente nella base del partito, fino a sfidare il segretario Bersani candidandosi alle primarie.

Il sistema politico è in forte fibrillazione. Scissioni e confluenze si succedono sempre più frequentemente. Noi sud, un gruppo dissidente con la politica del governatore Raffaele Lombardo, abbandona l'Mpa e si unisce ai Popolari d'Italia domani di Saverio Romano, ministro dell'Agricoltura, per poi confluire nel gruppo di Iniziativa responsabile, che nel febbraio 2011 raggiunge i 28 deputati e qualche mese dopo assume la denominazione di Popolo e territorio.

Nella situazione che si crea tra la fine del 2010 e l'inizio del 2011, più di un osservatore crederà di individuare alcune delle componenti della crisi del '92. La corruzione è diffusa in forme vecchie e nuove in tutto il sistema politico, mentre l'illegalità, cioè il disprezzo delle regole, dilaga nella società erodendo le fondamenta dello stato di diritto. Come nel '92, alla crisi della politica fa da sfondo quella dell'economia e della finanza, seppur in forme molto più dirompenti nel quadro di una globalizzazione che nel '92 si era appena preannunciata.

I partiti stanno perdendo quel poco di identità che erano riusciti a darsi dopo le vicende di Tangentopoli. Ma a vacillare sono soprattutto le istituzioni, un sistema amministrativo sempre meno efficiente e sempre più costoso, una giustizia gravemente malata e una Costituzione che, ormai, indebolita dalle trasformazioni avvenute nella vita civile e in quella politica, non corrisponde più agli equilibri politici e al patto sociale che ne erano alla base.

Nell'anno in cui, con manifestazioni più o meno sentite, si celebra il 150° della nascita dello stato, ce n'è abbastanza per temere per il futuro del paese e per la sua tenuta.

# CAPITOLO NONO

# LA POLITICA ESTERA

*Da Bush a Obama*

Con l'arrivo alla Casa bianca di un presidente democratico, Barack Obama, il tradizionale rapporto di partnership tra Italia e Stati Uniti, diventato ancora più stretto dopo l'11 settembre e l'intervento in Iraq per il quale il governo Berlusconi aveva svolto il ruolo di capofila dei «volenterosi», perdeva quel carattere di informalità che aveva avuto negli anni precedenti grazie al rapporto di amicizia che si era instaurato tra Bush e il cavaliere e che rifletteva affinità politiche e personali. Con Obama, Berlusconi avrà un inizio infelice per aver definito «abbronzato» il giovane presidente di colore; voleva essere una battuta scherzosa, ma l'opinione pubblica anglosassone, ipersensibile al tema razziale, mostrò di non gradire. Inoltre per la nuova amministrazione americana, insieme al rapporto speciale con la Gran Bretagna e a quello privilegiato con la Germania, diventava prioritario quello con la Francia del presidente Sarkozy, dichiaratamente filoamericano e desideroso di rientrare nella Nato a pieno titolo. Nei rapporti con l'Europa la nuova presidenza dimostrava di voler osservare un certo ordine gerarchico distinguendo tra le potenze di prima fila, Germania, Francia e Gran Bretagna, e le «altre» a cui secondo Washington appartiene l'Italia.

L'Italia perdeva qualche posizione nello schieramento occidentale anche per le sue debolezze interne e per i forti sospetti manifestati da Washington circa gli stretti rapporti mantenuti da Berlusconi e dal governo di Roma con la Russia di Putin e di Medvedev, nonché per la dipendenza dell'economia italiana dalle forniture di gas russo, giudicata pericolosa dagli americani, che proprio per evitare gli eccessivi condizionamenti da parte di Mosca, sostenevano la costruzione del gasdotto Nabucco, che avrebbe dovuto portare il gas dell'Asia centrale evitando il territorio russo. Una certa freddezza manifestata da Obama nei confronti del premier italiano era certamente la conseguenza di una diversa visione ideologica, ma anche del crescente isolamento dell'Italia all'interno della comunità internazionale di cui, in una qualche misura, era responsabile lo stesso Berlusconi il quale, con il mancato rispetto di codici di comportamento politico e personale osservati dagli altri governi, era sempre più considerato una, e non la minore, delle molte anomalie italiane.

Al ritiro delle truppe italiane dall'Iraq era seguito il rafforzamento del contingente italiano in Afghanistan, dove continuava lo stillicidio di perdite umane. Qualcuno osserverà che le risposte positive di Roma alle richieste di Washington di una maggiore presenza militare nel paese erano un tentativo di recuperare il terreno perduto sul piano politico.

In Italia una parte dell'opinione pubblica, soprattutto quella che faceva riferimento alle posizioni della Lega, chiedeva, prima sommessamente e poi sempre più insistentemente, il ritiro delle nostre truppe; e ciò non mancava di creare confusione e disorientamento in un paese che faticava a comprendere le ragioni di quell'impegno.

Un altro tema sul quale la Lega continuava a insistere facendone un *leitmotiv* delle proprie campagne propagandistiche era quello dell'immigrazione, clandestina e non. Dalle coste dei paesi del Magreb arrivavano le cosiddette carrette del mare cariche di profughi che, sfidando i rischi di una navigazione precaria che costerà migliaia di vittime, speravano di trovare in Italia e negli altri paesi d'Europa quel lavoro e quel benessere che erano loro negati nei paesi di origine. I rimpatri previsti dalla legge Bossi-Fini non sempre avvenivano con i ritmi e nelle dimensioni richieste da una parte dalla pubblica opinione nella quale il problema delle presenze indesiderabili, che fossero quella dei rom, accampati alle periferie delle città, o quella dei clandestini provenienti da paesi africani e asiatici, denunciava, insieme al sentimento di insicurezza, diffidenza nei confronti degli immigrati e rifiuto dei loro valori e dei loro comportamenti, al limite del pregiudizio razziale.

Una soluzione al problema dei profughi sembrò arrivare con l'accordo con la Libia, che al momento della firma apparve come un grande successo della diplomazia italiana.

Stipulato nell'agosto 2008 dopo negoziati portati avanti negli anni anche dai governi del centrosinistra, il trattato dichiarava la fine del contenzioso storico tra Italia e Libia, con la condanna del passato colonialista e dei crimini che lo avevano caratterizzato, garantiva l'impegno alla pace e alla collaborazione tra i due popoli, prevedeva una clausola di non aggressione reciproca ed escludeva ogni eventuale attacco contro il territorio libico dalle basi Nato in Italia.

A titolo di risarcimento per i danni morali e materiali dell'occupazione, il governo italiano si impegnava a pagare a quello libico cinque miliardi di dollari in venticinque anni, sotto forma di opere strutturali. In cambio il governo libico prometteva un trattamento privilegiato per l'industria e gli operatori economici e per gli investimenti italiani nel paese. Inoltre il trattato prevedeva l'impegno del governo libico a impedire la partenza dalle proprie coste degli immigrati provenienti dai paesi centro africani e diretti verso la Sicilia.

## Le rivoluzioni arabe e la guerra con la Libia

L'accordo sull'immigrazione sembrò funzionare per qualche tempo, con una vistosa riduzione degli arrivi di profughi e clandestini, fino a quando le rivolte scoppiate nel mondo arabo contro i regimi dittatoriali in Egitto, Tunisia, Yemen, Bahrein e Siria non aprirono un nuovo capitolo, oltre che nella storia dei paesi arabi, nella vicenda dell'immigrazione e dei nostri rapporti con la Libia.

Nel quadro delle rivolte delle masse arabe contro i rispettivi governi autocratici e dittatoriali, lo sviluppo più importante e più drammatico fu la vera e propria guerra civile esplosa inaspettatamente in Libia, nel marzo del 2011, tra i rivoltosi sostenitori di un governo provvisorio creato a Bengasi, seconda città della Libia e capitale della Cirenaica, e il governo di Tripoli, rimasto fedele a Gheddafi. A differenza delle rivolte in Egitto e in Tunisia, nate dalle profonde disuguaglianze politiche e sociali esistenti tra le minoranze al potere e gli elementi di una piccola borghesia emergente fatta soprattutto di giovani usciti dalle scuole e dalle università, privi di prospettive, sostenuti dalle masse diseredate, in Libia più che da una domanda di democrazia e di progresso economico la ribellione nasceva da conflitti tribali vecchi e nuovi che Gheddafi non riusciva più a mediare.

Mentre in Egitto e in Tunisia le dimostrazioni rimaste, almeno nella fase iniziale, sostanzialmente pacifiche riuscivano a rovesciare i vecchi governi di Mubarak e di Ben Alì, in Libia la reazione armata alla ribellione di Bengasi da parte di Gheddafi, che poteva contare oltre che su un esercito agguerrito anche sul sostegno di una parte della popolazione, provocava lo scontro di una regione del paese con l'altra, quella orientale con quella nordoccidentale, la Cirenaica contro la Tripolitania, le tribù ostili contro quelle favorevoli a Gheddafi.

La vicenda libica veniva immediatamente portata di fronte alle Nazioni unite, dove la causa dei ribelli trovava l'aperto sostegno delle potenze occidentali che, fin dalle prime manifestazioni di protesta scoppiate nel mondo arabo, si erano schierate dalla parte delle masse popolari che manifestavano in nome della libertà e della democrazia, e contro i regimi dittatoriali sostenuti per motivi prevalentemente economici e politici fino a qualche tempo prima. Particolarmente attiva nel sostegno ai ribelli di Bengasi era la Francia che, secondo alcuni osservatori, avrebbe addirittura istigato la ribellione promettendo aiuti e riconoscimento ai ribelli.

Il governo italiano, colto di sorpresa dagli avvenimenti e in grave imbarazzo per gli impegni assunti col trattato del 2008, assumeva una serie di posizioni che denunciavano incertezza ed evidenti contraddizioni, contando su una ipotesi destinata a rivelarsi inconsistente, e cioè il voto contrario a ogni azione contro la Libia da parte di Russia e Cina nel Consiglio di sicurezza, che avrebbe bloccato ogni iniziativa occidentale. Contrariamente alle attese del governo di Roma il Consiglio di sicurezza, pur con l'astensione della Cina e della Russia, approvava la risoluzione 1973 che autorizzava una «no-fly zone» sul territorio libico al fine di proteggere la popolazione dai bombardamenti dell'aviazione di Gheddafi. Mentre la Germania, preoccupata che la situazione si deteriorasse fino a richiedere un intervento diretto, si chiamava fuori dalla vicenda con una dichiarazione di neutralità, il governo inglese e soprattutto quello francese interpretavano la risoluzione in modo estensivo e mobilitavano le proprie forze aeree in una serie di attacchi contro i centri strategici del territorio controllato da Gheddafi. Gli americani, che nell'area disponevano di forze aeree e navali ben più importanti, nonostante il contrasto tra il Pentagono, contrario all'attacco, e il Dipartimento di stato, favorevole, in una prima fase parteciparono in forze all'offensiva contro Gheddafi, ma alcuni giorni dopo ritiravano una parte delle proprie unità, pur continuando a sostenere le azioni contro Tripoli con operazioni di sorveglianza e di ricognizione aerea.

Il governo italiano, che aveva puntato sul non intervento, chiedeva adesso che tutte le operazioni fossero messe sotto il controllo dell'Alleanza atlantica per sottrarre ai franco-britannici l'iniziativa, mantenuta nei primi giorni dall'attacco soprattutto dai francesi. Contemporaneamente metteva a disposizione le proprie basi avanzate, Sigonella, Birgi in Sicilia e Decimomannu in Sardegna, insieme a un certo numero di navi e di aerei che tuttavia si sarebbero limitati ad azioni di ricognizione e di contrasto nei confronti della rete radar libica. Alcuni giorni dopo, in risposta alle pressioni da parte degli alleati e dello stesso governo ribelle di Bengasi (che l'Italia aveva riconosciuto) per un'azione più diretta, il governo decideva di intervenire più concretamente, prima con azioni di monitoraggio durante le operazioni aeree e poi con bombardamenti su obiettivi militari. Infine, dopo il pieno riconoscimento del governo di Bengasi, inviava in Cirenaica istruttori militari.

I mesi estivi segnavano uno stallo nelle operazioni militari in Libia, da una parte per la scarsa organizzazione dei ribelli, dall'altra per la forte resistenza dei seguaci del colonnello. Ma, grazie all'aiuto della Nato e all'azione dell'aviazione francese, tra la fine di agosto e i primi di settembre gli insorti riuscivano a riprendere l'iniziativa, ad avanzare e a occupare la capitale Tripoli. La resa delle truppe di Gheddafi arrivava alla fine di ottobre. Il colonnello, che era rimasto a fianco dei suoi combattenti, veniva catturato nella città di Sirte durante un tentativo di fuga e immediatamente ucciso dalle truppe ribelli.

## L'Europa che non c'è

Ancora una volta, di fronte alla crisi libica, l'Europa manifestava tutte le sue insufficienze e, peggio, la tendenza, sempre più chiara negli ultimi anni, al prevalere della sovranità e degli egoismi nazionali sugli interessi comunitari. Le nuove istituzioni, quella della presidenza dell'UE al belga Herman Van Rompuy e del ministero degli Esteri alla baronessa inglese Catherine Ashton, avrebbero dovuto assicurare una maggiore stabilità e coesione nella politica europea, ma privi di poteri e costretti a ruoli secondari dalla concorrenza dei governi nazionali e della Commissione di Bruxelles, i due personaggi svolgevano tutt'al più una funzione simbolica, senza riuscire a dare il necessario coordinamento alle politiche dei governi.

Di fronte all'evidente stallo di una politica comune, diventava sempre più diffuso l'antieuropeismo. Negli ultimi anni in alcuni paesi alla periferia dell'Unione, Ungheria, Finlandia, Svezia, Danimarca, movimenti ostili all'integrazione europea avevano trovato simpatie e consensi. Così pure in Olanda con il partito ultranazionalista di Geert Wilders, mentre in Francia il partito di Marine Le Pen prometteva ai francesi, insieme all'uscita dall'euro, anche quella dall'Europa. Persino i partiti di governo dei due maggiori paesi dell'Unione, Francia e Germania, sembravano aver abbandonato ogni disegno di integrazione. Anche in Italia, un tempo il paese più europeista dell'Unione, di quando in quando riemergevano le critiche contro l'euro, e personaggi con responsabilità di governo prospettavano l'uscita dall'Europa lamentando la mancata solidarietà europea in materia di immigrazione.

D'altra parte, sullo sfondo della crisi economica che non risparmiava ormai nessuno dei maggiori stati europei, emergeva la consapevolezza dei rischi che avrebbe corso la stessa esistenza dell'Unione in conseguenza di un eventuale abbandono della moneta unica («Se cade l'euro cade l'Europa», dichiarerà la cancelliera Merkel). Non sarebbe stato solo l'annullamento degli sforzi e dei sacrifici di un'intera fase storica, ma la fine dell'Unione, che insieme alle difficoltà economiche per ciascun paese, da qualcuno definite catastrofiche, avrebbe creato le condizioni anche politiche per il ritorno a una situazione di conflittualità fra le nazioni europee, che si sarebbe espressa se non sul piano politico, su quello non meno gravido di disastri della concorrenza economica. A riproporre l'esigenza di una più stretta collaborazione e a consigliare l'accettazione di una maggiore integrazione pur a scapito delle sovranità nazionali era l'incalzare della crisi. Sotto la sua pressione paesi a rischio bancarotta, Grecia, Irlanda, Portogallo e Spagna, pur difendendo accanitamente la propria autonomia di decisione, erano alla fine costretti a chiedere l'aiuto dell'Unione e del Fondo monetario internazionale e ad accettare i vincoli e le severe condizioni collegate ai prestiti, mentre le economie più forti si vedevano costrette al salvataggio di quelle più deboli per evitare il collasso dei propri sistemi bancari esposti per decine di miliardi verso i paesi in sofferenza.

Pertanto un possibile collante dell'unità europea diventava l'Efsf (European Financial Stability Facility), il fondo garantito dal bilancio dell'UE di cui era poi prevista l'evoluzione nell'Esm (European Stability Mechanism) e che, insieme alla Banca centrale europea, avrebbe potuto disporre dei mezzi per sostenere il debito europeo e con esso l'euro, ultimo baluardo dell'Europa di cui neppure la Germania poteva fare a meno per via degli stretti rapporti commerciali con i paesi dell'Unione. Altra soluzione che trovava favorevoli i paesi con più alto debito, ma apertamente contraria la Germania, era quella degli eurobond, emissioni di titoli di credito europei che avrebbero creato una responsabilità e una garanzia collettiva per il debito dell'intera zona. Dal dibattito confuso e contraddittorio che si svolse nelle settimane tra novembre e dicembre del 2011 prendeva sempre più corpo l'esigenza di una profonda revisione dei trattati europei e di un più stretto coordinamento delle politiche fiscali e finanziarie dei paesi dell'Unione. Si stava ormai chiaramente imponendo la necessità di quella maggiore integrazione politica senza la quale la moneta unica, sottoposta all'attacco della speculazione dei grandi gruppi finanziari angloamericani, rischiava di scomparire.

# CAPITOLO DECIMO

# IL PUNTO DI NON RITORNO

## L'economia che non cresce

A metà del 2011 l'economia e la finanza dell'Occidente erano entrate in una nuova fase di forti difficoltà. In realtà la crisi del 2007-2008 non si era mai conclusa, ma grazie alle misure di sostegno prese dai governi si era attenuata, segnando un qualche recupero nel settore della produzione. Già tra la fine della primavera e i mesi estivi del 2011 la situazione peggiorava rapidamente e si manifestava l'effetto temuto di una ripresa della crisi in forme rese ancora più virulente dal ritorno di una speculazione che mirava al ribasso dei valori di borsa sui mercati e che insidiava l'esistenza dell'euro. Si confermava quello che si era profilato come uno degli obiettivi principali della finanza internazionale e in particolare di quella americana: l'attacco all'euro, diventato sempre più competitivo con il dollaro in campo commerciale e come moneta di riserva. La speculazione internazionale prendeva di mira le borse europee falcidiando i valori azionari e portava un vero e proprio assalto ai debiti sovrani dei paesi che avevano accumulato deficit di bilancio sempre più ingestibili e che trovavano crescenti difficoltà a rinnovare i propri titoli di credito in scadenza. Paesi come la Grecia, l'Irlanda e il Portogallo, che avevano contratto un volume di debiti difficilmente redimibili, da economie deboli per di più sottoposte alle difficoltà della crisi rischiavano la bancarotta; ma anche paesi come l'Italia e la Spagna, pur per ragioni diverse, erano accomunati da crescite ridottissime o quasi nulle del proprio Pil, provocando i dubbi dei mercati e i giudizi negativi della società di *rating*.

Il 21 maggio 2011, nel mezzo di una campagna elettorale per il rinnovo delle amministrazioni in alcune delle più importanti città italiane, la società di *rating* Standard & Poors cambiava l'*outlook* (cioè la stima sulle prospettive future) dell'Italia da stabile a negativo, pur mantenendo un giudizio favorevole sulle capacità attuali del governo italiano di gestire e ripagare il debito. A giustificare la sua decisione, S&P puntava il dito sulla «crescita debole» e sull'«ingorgo politico». In altre parole, se la crescita dell'economia, nello sforzo di risalire dalla crisi, si fosse mantenuta ai livelli attuali, circa l'1%, l'Italia avrebbe avuto difficoltà a ripagare il proprio debito, anche per via di una politica che, in fase di stallo, non sarebbe stata capace di operare le riforme necessarie al rilancio dell'economia. Il giudizio dell'agenzia di *rating* era al tempo stesso politico ed economico e centrava le ragioni della crisi dell'Italia e quelle del suo declino. Qualcuno osservò che «nell'area euro contano più gli annunci dei governi che quelli degli analisti», aggiungendo tuttavia che l'analisi di S&P non conteneva particolari novità. In effetti in un'Europa che faticava a uscire dalla crisi, analisi e annunci come quelli erano frequenti, ma il giudizio sull'Italia era tanto più credibile in quanto coincideva con le valutazioni che ormai da anni venivano fatte da economisti e politologi; l'Ocse e il Fmi avevano espresso giudizi analoghi appena qualche settimana prima, in contrasto con l'ottimismo del governo che dall'inizio della crisi sosteneva che l'Italia aveva subito meno di altri paesi europei il suo impatto e le sue conseguenze, grazie alla solidità del sistema bancario e al risparmio delle famiglie, e che comunque stava uscendo dalla crisi meglio e più rapidamente di altri paesi.

L'annuncio di S&P contestava questa tesi e i dati confermavano l'analisi dell'agenzia di *rating*. In realtà, tra le grandi potenze industriali d'Europa, l'Italia aveva da vari anni la crescita più bassa. Dopo la contrazione del 2008-2009 (-5%), la ripresa era stata debole per via della diminuzione dei consumi interni e soprattutto delle esportazioni, a cui corrispondeva un aumento delle importazioni con la conseguenza di un costante deficit della bilancia commerciale. La produzione industriale era scesa di quasi il 20% (a metà del 2009) e, nonostante una limitata ripresa nel 2010 e 2011, restava ben al di sotto dei livelli precedenti l'inizio della crisi. La maggiore minaccia per il futuro era la mancata crescita della produttività, dove l'Italia continuava a perdere punti rispetto ai paesi suoi partner commerciali, ed era soprattutto la bassa produttività che, proiettata nel futuro, giustificava le preoccupazioni sulla capacità italiana di far fronte alla gestione del debito. Tuttavia, era pur vero che la politica finanziaria del governo italiano era stata più saggia di quella di altri paesi, essendo riuscita a ridurre il disavanzo pubblico al 4,3% (2011), mentre la Francia restava al 6%, la Gran Bretagna all'8,5% e gli Stati Uniti addirittura al 10,7%.

L'impegno preso dal ministro Tremonti in sede di Ecofin (e sottoscritto dallo stesso Berlusconi) era addirittura quello di arrivare al pareggio entro il 2014, un traguardo ambizioso che avrebbe richiesto un cambiamento significativo nelle politiche del governo, al quale fino ad allora era mancato l'impegno per la realizzazione delle riforme necessarie. Quanto il tema della produttività fosse importante per le aziende, soprattutto industriali, era emerso dal lungo e difficile negoziato intrapreso dall'amministratore delegato della Fiat, Sergio Marchionne, per fare accettare ai sindacati dei lavoratori una serie di regole sull'organizzazione del lavoro in azienda che puntavano all'aumento della produttività in cambio degli investimenti che la Fiat si impegnava a fare per modernizzare gli impianti e renderli più produttivi. Il processo di ristrutturazione della produzione Fiat dopo l'ingresso dell'industria torinese nell'americana Chrysler aveva dimostrato le esigenze di un nuovo patto tra la direzione dell'azienda e i lavoratori per accrescere la capacità della nuova multinazionale automobilistica di competere con i vecchi e i nuovi produttori, e i rischi che azienda e lavoratori avrebbero corso in mancanza di una crescita dei livelli di produzione e di produttività: chiusura di alcuni stabilimenti e delocalizzazione della produzione in altri paesi (Stati Uniti, Brasile, Polonia) dove la forza lavoro fosse in grado di garantire quei livelli e dove inevitabilmente si sarebbero indirizzati gli investimenti promessi.

La Fiat era contraria alla contrattazione collettiva a livello nazionale e puntava su contratti aziendali che riflettessero le situazioni particolari. Invocando le sue nuove esigenze di azienda multinazionale, la Fiat denunciava la sua associazione con una Confindustria che, pur condividendo la stessa preoccupazione, era tuttavia più esitante a porsi in una posizione apertamente conflittuale con i sindacati. Decisamente critica Confindustria si dimostrava nei confronti dell'inazione di un governo che, impegnato quasi esclusivamente nella difesa del premier e preoccupato di mantenere i consensi dell'elettorato, esitava a muoversi sul versante delle riforme, primariamente quelle relative a un nuovo statuto dei lavoratori aggiornato ai profondi cambiamenti avvenuti dentro e fuori i confini del paese, ma anche quelle per il rilancio delle attività economiche invocato sia dagli operatori che dall'opinione pubblica. Ma, secondo molti osservatori indipendenti, il problema di fondo del paese era quello di una ridistribuzione di pesi e di equilibri tra i settori della produzione e dei redditi finanziari, al fine di procurare le risorse per gli investimenti nelle infrastrutture e nella ricerca, giudicati necessari per rimettere in moto l'economia.

Accanto alla riforma fiscale, una riforma del welfare si rendeva necessaria non solo per far fronte alle conseguenze immediate della crisi, ma anche per venire incontro alle esigenze delle nuove generazioni, il cui futuro si preannunciava precario per la scarsità di opportunità, il crescente costo della vita, l'esiguità delle pensioni.

## Gli appuntamenti elettorali del 2011

A indebolire ulteriormente il governo dopo le defezioni che avevano colpito la maggioranza e gli scandali che avevano intaccato le sicurezze e la credibilità del cavaliere contribuivano in primavera due consultazioni: quelle amministrative e quelle referendarie. Le prime, che si svolgevano nella seconda metà di maggio in 1313 comuni e 11 province, segnavano una inequivocabile vittoria del centrosinistra in tutte le maggiori città capoluogo di regione: Torino, Bologna, Milano, Napoli, Cagliari e Trieste, ma anche nei centri minori. Nel complesso il centrosinistra, che prima della consultazione governava il 57,1% dei comuni, saliva al 64,7%, riuscendo a conquistare 85 amministrazioni, mentre al centrodestra non restava che il 30% del totale. In Piemonte, Lombardia, Emilia-Romagna e Veneto il Popolo della libertà arretrava in tutti i capoluoghi superiori ai 15 mila abitanti per un totale di 120 mila voti perduti rispetto alle regionali del 2010. Perdeva anche la Lega, 57 mila voti in meno; il Partito democratico si affermava soprattutto nelle grandi città, con una crescita di 76 mila voti. Per il governo era un primo campanello d'allarme al quale pochi giorni dopo se ne aggiungeva un secondo, con i referendum del 12 e 13 giugno. Dei quattro quesiti proposti, l'attenzione della gente si concentrò su quelli relativi al nucleare e alle tariffe del servizio idrico, sui quali la maggioranza aveva impostato alcuni dei suoi programmi. Questa volta il *quorum* scattava e i risultati della votazione non lasciavano dubbi sui sentimenti della grande maggioranza degli italiani. Il rifiuto del nucleare, già espresso con il referendum del 1987, successivo al disastro di Černobyl, si riconfermava in modo netto anche in conseguenza del recente episodio di Fukushima, in Giappone, dove uno tsunami aveva danneggiato gravemente gli impianti nucleari con conseguenze ancora tutte da valutare. Anche la privatizzazione della distribuzione delle acque secondo le intenzioni del governo veniva decisamente respinta, anche per i cattivi risultati degli esperimenti già avviati.

I referendum proponevano l'abrogazione di leggi già esistenti; pertanto i «sì» indicavano i favorevoli all'annullamento, i «no» i contrari.

I risultati delle due consultazioni, insieme alle proteste che si levavano nel paese, sempre più frequenti e dirette, quelle di Confindustria e della stampa che a essa faceva riferimento, dei sindacati e, naturalmente, dei partiti di opposizione per l'inazione del governo in materia di politiche per la crescita, erano un segno inequivocabile del cambiamento di clima politico e della perdita di consensi del premier e dei partiti della maggioranza. Dalle colonne della grande stampa partivano i primi inviti al presidente del Consiglio a «fare un passo indietro» e si cominciava a discutere di schieramenti per il dopo Berlusconi. Un governo di larga coalizione, viste le divisioni esistenti tra i due maggiori partiti, approfondite da un confronto politico condotto sempre più duramente, era decisamente

TAB. 10.1. *Referendum del 12 e 13 giugno.*

| Quesito | Affluenza | Risultati | |
|---|---|---|---|
| | | sì | no |
| 1 Privatizzazione dei servizi pubblici locali di rilevanza economica | 54,81% | 95% | 4,65% |
| 2 Tariffe servizio idrico | 54,82% | 95,8% | 4,2% |
| 3 Energia elettrica nucleare | 54,79% | 94,05% | 5,95% |
| 4 Legittimo impedimento del premier e dei membri del governo a comparire in udienze penali | 54,78% | 94,62% | 5,38% |

improbabile, soprattutto se Berlusconi, come capo della maggioranza uscita dalle elezioni del 2008, avesse insistito a dirigerlo. Più probabile sembrava un governo tecnico, per il quale si facevano i nomi di Mario Monti e dell'ex presidente della Fiat Luca Cordero di Montezemolo, che si preparava da tempo a scendere nell'agone politico. Un ruolo di particolare importanza per una qualsiasi soluzione alternativa veniva attribuito a Casini, che con l'Udc aveva condotto una lunga opposizione al cavaliere e ne chiedeva le dimissioni, ma continuava a riconoscere al Pdl il ruolo di punta nella formazione di un futuro governo. Ad affiancare Casini in un «Terzo polo», il cui ruolo rimaneva imprecisato, si collocavano Fini, con ciò che restava del suo Futuro e libertà, afflitto da numerose defezioni, e Rutelli con il suo Alleanza per l'Italia; non era chiaro come il «Terzo polo» si sarebbe rapportato con un Pdl senza il cavaliere e con un'opposizione di centrosinistra che, pur rafforzata dai risultati elettorali delle consultazioni primaverili, si presentava divisa tra i favorevoli all'alleanza con il «Terzo polo» e chi la voleva con la sinistra di Vendola e di Di Pietro.

Davanti all'assenza di chiare alternative restava la preoccupazione, che si rifletteva nelle analisi di Standard & Poors, che il governo, pur indebolito nella persona del suo leader, ma sempre forte di una maggioranza la cui unica preoccupazione sembrava fosse quella di durare, si limitasse a sopravvivere fino alla fine del mandato nella primavera del 2013. Era la prospettiva peggiore, che gettava un'ombra preoccupante sul futuro.

## La crisi peggiora

Tra la fine di luglio e agosto la crisi si impenna improvvisamente di fronte alle previsioni di un generale rallentamento della crescita in Europa e negli Stati Uniti. Il crollo, prima della borsa italiana, ma qualche settimana dopo anche di quelle europee, ma soprattutto il continuo allargamento dello «*spread*», la differenza negli interessi tra i titoli di stato italiani e quelli tedeschi, presi come modello di solidità e di affidabilità, crea una situazione di allarme che allontana gli investitori dall'acquisto dei titoli del debito italiano.

Da seria la situazione diventava drammatica. Dato il pesante debito nazionale, il Tesoro era impegnato, quasi settimanalmente, nella ricerca sui mercati di compratori per i propri titoli. Fino ad allora il costo degli interessi sul debito, pur superiore a quello dei paesi più fiscalmente ortodossi, era rimasto entro limiti tollerabili, ma a fine settembre, per le ultime emissioni, il mercato richiedeva interessi sempre più alti. Per un paese già fortemente indebitato, e con un'economia a crescita vicina allo zero, l'aumento degli interessi accresceva il rischio dell'insolvenza. La Bce, il Fondo monetario internazionale e la Commissione europea, ma soprattutto i mercati, richiedevano al governo un aggiustamento dei conti; in particolare l'anticipo al 2013 del pareggio di bilancio, già annunciato da Tremonti per il 2014. Il nuovo impegno richiedeva una manovra costosa, attorno ai 50 miliardi: cominciava il balletto delle cifre e delle proposte, che non giovava all'immagine internazionale del governo, già fortemente danneggiata per l'attacco quasi quotidiano della stampa internazionale al premier. Ipotesi e proposte spesso contraddittorie venivano avanzate e smentite nell'arco di ventiquattro ore, mentre si accrescevano il nervosismo dei mercati e le perdite delle borse.

Alla fine veniva varata una serie di provvedimenti, quasi tutti sul versante dell'aumento delle tasse. Tra di essi il più importante per i riflessi economici e sociali era l'aumento dell'Iva, dal 20% al 21% su tutti i consumi a eccezione di quelli alimentari. Seguiva un taglio del 5% alle retribuzioni superiori a 90 mila euro e del 10% a quelle superiori ai 150 mila euro dei funzionari e dirigenti pubblici. Sui redditi superiori ai 300 mila euro veniva introdotto un contributo di solidarietà del 3%; cospicui tagli venivano decisi alle spese dei ministeri, altri alle erogazioni a favore degli enti locali; si aggiungevano una tassa speciale per le aziende produttrici di energia (la cosiddetta «Robin Hood tax») e l'adeguamento graduale a 65 anni delle pensioni di vecchiaia delle donne impiegate nel settore privato.

Insieme a queste decisioni, alcuni impegni a più lunga scadenza: in primo luogo quello di una lotta all'evasione più sistematica e più severa, poi la riforma delle professioni e la modifica della Costituzione come primo passo verso l'abolizione delle province. Un provvedimento importante per il mondo del lavoro e quello dell'industria era il cosiddetto articolo 8 della manovra governativa, che prevedeva la possibilità di deroga dal contratto collettivo nazionale in favore di quelli aziendali e territoriali, ma solo in caso di accordo tra imprese e sindacati. Era una significativa presa di distanza dall'articolo 18 dello Statuto dei lavoratori e rifletteva il nuovo clima creato dalla crisi nei rapporti sindacali.

I partiti di opposizione, in special modo il PD, che aveva proposto l'adozione di misure più severe nei confronti degli alti redditi e in particolare dei patrimoni scudati rientrati dall'estero, criticavano le misure che penalizzavano i più deboli: in effetti la sensazione della gente era che le misure colpissero soprattutto i «soliti noti»; calcoli fatti successivamente indicheranno una penalizzazione per le famiglie variante dai 400 ai 500 euro all'anno (cifre destinate a crescere nei mesi successivi). Mancavano le liberalizzazioni del commercio e delle professioni di cui si era parlato durante la laboriosa preparazione della legge; mancava un piano realistico per le privatizzazioni delle proprietà immobiliari in mano allo stato e delle partecipazioni statali, ma mancava soprattutto quella drastica riduzione dei costi della politica e dei politici che negli ultimi mesi era diventato il *leitmotiv* di ogni protesta. Gli ambienti economici, Confindustria e i principali organi di stampa criticavano la manovra per l'assenza di ogni misura che favorisse la ripresa della crescita, il vero tallone d'Achille del paese, quello su cui si appuntavano gli attacchi dei mercati e le critiche delle organizzazioni finanziarie internazionali, *in primis* l'Ocse, il Fondo monetario internazionale e la Bce. La reazione negativa dei mercati si manifestava quasi subito con la falcidia ormai consueta delle quotazioni azionarie, ma soprattutto con l'aumento dello *spread* tra i titoli di credito italiani e tedeschi che arrivò a superare i 500 punti. Se non fosse stato per la Bce, che decise di intervenire sui mercati e di acquistare una parte delle emissioni, il tasso degli interessi sui titoli sarebbe salito a livelli ancora più alti, pericolosamente vicini a quelli che prevedono il rischio di *default*; seguivano una serie di abbassamenti di *rating* da parte di Standard & Poors, prima quello sul debito pubblico e subito dopo su alcune banche e su aziende controllate dallo stato.

## Il passo indietro

La situazione sembrava arrivata a un punto di non ritorno. Si moltiplicavano le richieste di dimissioni del premier da parte di esponenti dell'industria (Marcegaglia), del commercio, della cultura e, pur indirettamente, del clero, e quelle per un intervento del presidente della Repubblica il quale, con la sua azione prudente e vigile, era diventato il principale punto di riferimento della vita politica, che tuttavia non poteva aver luogo fino a quando il governo e il suo capo conservavano la maggioranza in Parlamento. In un editoriale di uno dei suoi più prestigiosi collaboratori, l'ex ambasciatore Sergio Romano, pubblicato in evidenza in prima pagina, il «Corriere della Sera» del 21 settembre invitava il cavaliere a dimettersi per i «considerevoli vantaggi» che quella decisione avrebbe avuto per il paese.

Ma Berlusconi resisteva, e in un colloquio con il presidente della Repubblica confermava che il governo sarebbe andato avanti fino alla naturale conclusione del mandato parlamentare. Un ulteriore peggioramento della situazione finanziaria doveva, qualche giorno dopo, porre fine all'agonia.

Qualcuno disse che là dove non erano riusciti l'opposizione, la stampa e i cosiddetti «poteri forti», riusciva lo *spread* dei titoli del debito pubblico che, ai primi giorni di novembre, superava largamente quota 500. A quelle dei mercati si aggiungevano le pressioni che venivano da Bruxelles e dalle capitali di un'Europa che stava prendendo coscienza che la crisi dell'Italia rischiava di allargarsi a tutta l'Unione e di far precipitare la moneta unica. Il 12 novembre la borsa subiva un crollo ancora più rovinoso di quelli precedenti e le stesse azioni della Fininvest, la holding principale dell'impero del cavaliere, perdevano il 12%. Dopo un ultimo voto della Camera dei deputati, che approvava, senza la partecipazione del PD, le misure richieste dall'Europa per anticipare il pareggio del bilancio al 2013 (con 308 voti a favore, 26 contrari e 2 astenuti), il cavaliere si recava al Quirinale per presentare le dimissioni al presidente Napolitano, che aveva seguito la crisi giorno per giorno preparando il paese e le istituzioni a uno sbocco ritenuto inevitabile: quello di un governo di tecnici diretto da Mario Monti.

Era un governo del presidente con il sostegno parlamentare dei due maggiori partiti e dell'Unione di centro di Casini. Gli era affidato il compito di riportare l'Italia in Europa e di salvare il paese dalla bancarotta. Compito difficile, lunga e tortuosa la strada per realizzarlo. Secondo alcuni c'era il rischio che essa venisse interrotta dopo che il nuovo governo avesse compiuto la parte più difficile e ingrata del proprio mandato. Per altri la speranza era che la solidarietà di fronte alla crisi evolvesse verso nuovi incontri e nuove collaborazioni, che la fase del governo dei tecnici avrebbe potuto favorire. Generale la convinzione che il nuovo governo segnasse una svolta incisiva nella situazione politica del paese.

# CAPITOLO UNDICESIMO

# I TECNICI A PALAZZO CHIGI

*I primi cento giorni del governo Monti*

La dimensione e il numero dei problemi che il governo dei tecnici guidato da Mario Monti si trovava di fronte erano tali che l'anno o poco più che il presidente del Consiglio aveva chiesto per la durata del suo governo sarebbe stato appena sufficiente a impostarne la soluzione.

Nei primi mesi l'azione del nuovo governo si svolgeva a un ritmo decisamente insolito per la politica italiana e in alcuni settori, come quello del nostro ruolo nella politica europea, la situazione esistente al momento dell'ingresso in carica veniva letteralmente rovesciata. Non tutti i problemi affrontati trovavano una soluzione definitiva e soddisfacente, ma il lavoro compiuto in tre mesi è paragonabile a quello che a un governo «politico» avrebbe richiesto un periodo molto più lungo e forse addirittura una intera legislatura.

Il settore in cui il governo operava una vera e propria rivoluzione è quello dell'immagine e del credito sul piano internazionale. Grazie alle solide credenziali europee, acquisite nel corso dei vari anni di lavoro alla Commissione europea, prima con Jacques Santer (1996-1999), poi con Romano Prodi (1999-2004), Monti riusciva in poche settimane a «riportare l'Italia in Europa», da cui era rimasta lontana e isolata per troppo tempo. Dopo l'incontro con la cancelliera Merkel e il presidente Sarkozy, il 24 novembre a Strasburgo, che quasi materialmente segnava il ritorno del presidente del Consiglio italiano nel consesso europeo (quando i tre statisti, dopo aver fatto una serie di dichiarazioni, entravano insieme nella sala delle riunioni), l'offensiva diplomatica di Monti si svolgeva a tutto campo; oltre ai contatti sempre più frequenti con i leader di Francia e Germania, Monti riprendeva i rapporti con la Gran Bretagna di Cameron, proponendole una collaborazione per il rafforzamento del libero mercato, volava negli Stati Uniti per un incontro con il presidente Obama, riceveva a Roma la visita del presidente Van Rompuy e, sempre a Roma, alla fine di giugno, dopo un incontro col nuovo presidente della Repubblica francese François Hollande, ospitava il vertice dei maggiori protagonisti della politica europea.

Oltre ad accreditare il suo governo come uno dei più autorevoli in Europa, grazie alla sua competenza nei problemi economici Monti svolgeva un ruolo di primo piano nell'intenso dibattito per contenere la crisi in cui tutta l'Europa era coinvolta. Inoltre il nuovo premier riusciva in una prima fase a invertire il processo che rischiava di portare l'Italia alla bancarotta. Lo *spread* tra i titoli italiani e quelli tedeschi, che era al centro dell'attenzione quotidiana dei politici e degli operatori economici e che il 9 novembre aveva raggiunto i 575 punti base, scendeva tra il gennaio e il febbraio 2012 al di sotto dei 300 punti via via che il credito del governo aumentava. Tornava a salire nel corso dell'estate 2012, per scendere nuovamente a 360 dopo l'impegno della Bce ad acquistare senza limiti i titoli dei paesi in difficoltà. L'interesse, che per un Btp a tre anni aveva toccato il 7,89%, scendeva al di sotto del 5%. Lo spettro del *default* era esorcizzato, anche se, per gli impegni assunti riguardo il rientro del debito, l'iter verso una relativa normalità si presentava lungo e costoso in termini di rinunce e sacrifici: quasi a conferma, in gennaio arrivava il giudizio di Standard & Poors che abbassava il credito dell'Italia di due livelli.

Oltre agli sforzi di Monti, alla riuscita del salvataggio avevano contribuito non poco le politiche della Bce, diretta da Mario Draghi. Prima l'acquisto di titoli del debito italiano in un mercato da cui avevano preso le distanze i sottoscrittori abituali, poi l'immissione in due tempi di un totale di mille miliardi di euro nel sistema bancario europeo, di cui avevano usufruito largamente le banche italiane, e infine l'impegno della BCE ad acquistare senza limiti i titoli di Stato dei paesi in difficoltà avevano contribuito a tranquillizzare i mercati e a scoraggiare la speculazione.

A rafforzare l'euro, di cui si temeva il crollo, il 2 marzo 2012 25 stati (tutti quelli dell'UE meno la Gran Bretagna e la Repubblica Ceca) firmavano a Bruxelles il patto di bilancio, il cosiddetto «Fiscal Compact», che indicava la volontà della maggioranza dell'UE di avanzare nel processo di integrazione.

Il patto prevedeva una serie di regole per mantenere in equilibrio i bilanci degli stati. Le più importanti erano l'impegno a un deficit strutturale non superiore allo 0,5% del Pil, e l'obbligo dei paesi con un debito superiore al 60% di rientrare nell'arco di 20 anni, e infine l'impegno dei governi a inserire queste regole nelle rispettive costituzioni.

Monti era stato incaricato dal presidente Napolitano di formare il governo, il 61° nella storia della Repubblica, il 16 novembre. Diciotto membri, di cui tre sole donne, età media 64 anni, la più alta tra i governi d'Europa. Alcuni professori universitari, tra i quali lo stesso Monti che assumeva anche l'incarico di ministro dell'Economia e della Finanza, ed Elsa Fornero ministro per il Lavoro, un prefetto, Anna Maria Cancellieri, all'Interno, un celebre avvocato, Paola Severino, alla Giustizia, un ammiraglio, Giampaolo di Paola, alla Difesa, un ambasciatore, Giulio Terzi di Sant'Agata, agli Esteri, un banchiere, Corrado Passera, allo Sviluppo. Nessuno di essi poteva essere considerato un «politico», ma la qualità di «tecnico» attribuita al governo Monti darà adito a più di una discussione. Nonostante la qualifica di tecnici dei membri del governo, esso non avrebbe potuto evitare scelte politiche e pertanto i suoi componenti erano chiamati a decidere anche in base a considerazioni politiche e quindi a far politica.

Il governo, che era privo di una legittimazione elettorale e di una maggioranza propria, veniva votato in Parlamento da un'ampia coalizione di forze, formatasi per fronteggiare l'emergenza e composta da tutti i maggiori partiti, meno la Lega e qualche dissidente: 281 sì e 25 no al Senato il 17 novembre e 556 sì e 61 no alla Camera il giorno dopo. Nel discorso di insediamento Monti definiva il suo governo «di impegno nazionale». È chiaro che il suo mandato era quello di operare principalmente sul versante dell'economia per portare il paese fuori dalla crisi e, a quello scopo, di adottare tutte le misure necessariamente impopolari che i partiti rappresentati in Parlamento, pur coscienti della drammatica situazione in cui si trovava il paese, non erano disposti a prendere per non perdere il consenso dei rispettivi elettorati. Il governo Monti si presentava come governo di transizione; fatte le riforme, dopo le elezioni politiche del 2013, a cui il governo nella persona del suo presidente si impegnava a non partecipare, i «tecnici» si sarebbero ritirati e avrebbero restituito la guida del paese ai «politici».

Nel dibattito in corso rimanevano irrisolti due interrogativi: in quali altri settori, oltre quello dell'economia e su quali altre riforme, oltre a quelle della finanza, del lavoro e della produzione, avrebbe potuto impegnarsi il governo? E se i tecnici e lo stesso Monti avessero voluto passare alla politica attiva cosa poteva impedirglielo? Alla prima domanda venivano date risposte diverse da Pdl e PD. Il primo avrebbe voluto che il governo Monti si limitasse ai problemi dell'economia, senza assumere altri impegni; per il PD invece doveva essere libero di muoversi in ogni direzione.

Risposte parziali che non chiarivano il futuro corso della politica e che testimoniavano il disorientamento del paese e dei partiti. Tutti erano certi che dopo l'esperienza del governo Monti nulla sarebbe stato più come prima, ma il futuro, anche a breve, restava imprevedibile. Nei partiti storici si insinuava il dubbio che un elettorato già stanco e demotivato nei confronti della politica avrebbe potuto trovare proprio in un governo tecnico una soluzione durevole per la guida del paese.

Da un sondaggio fatto a dicembre risultava che il 61% degli italiani era favorevole alla politica del governo, ma presto il clima cambia e, dopo le severe misure adottate per ridurre il deficit di bilancio, i livelli di consenso si riducono sensibilmente, anche se molti continuano a riconoscere al presidente del Consiglio i successi sul piano internazionale e il merito di aver messo sotto controllo lo *spread* dei titoli di stato. Sul piano interno il governo si muove con velocità e determinazione. Uno dei suoi primi atti è il decreto legge costituzionale che prevede l'obbligatorietà del pareggio del bilancio. Camera e Senato lo approvano con la quasi unanimità.

Seguono i provvedimenti relativi alla manovra anticrisi diretta a recuperare 30 miliardi in tre anni. Ne fanno parte una serie di misure articolate in tre capitoli: bilancio, previdenza e sviluppo. In realtà quasi tutti gli interventi riguardano il settore fiscale e prevedono la reintroduzione dell'Ici, la tassa sulla casa che era stata abolita da Berlusconi, ribattezzata come Imu (Imposta municipale unica), l'aumento dell'Iva del 2% a settembre 2012, poi rinviata, tasse sugli investimenti finanziari e sulle proprietà di lusso (auto, barche, aerei) e l'aumento delle accise sulla benzina. Inoltre, una serie di liberalizzazioni, quella contro il regime di numero chiuso per le licenze dei taxi urbani (che ancora una volta verrà ritirata davanti alle forti reazioni della categoria), sul numero delle farmacie e sugli ordini degli avvocati e dei notai. Tra le più importanti riforme, quella delle pensioni che prevede a partire dal 2018 il pensionamento a 66 anni per uomini e donne e che blocca per il 2012 e 2013 l'adeguamento all'inflazione degli assegni di pensione superiori a 936 euro. Un intervento viene fatto sull'industria energetica con la separazione di Snam Rete Gas dall'Eni per un maggiore sviluppo della rete e dei gasdotti, secondo un progetto previsto da tempo, e, quale contributo al regime di austerity, si pone il tetto di 298 mila euro alle retribuzioni dei manager pubblici.

Il complesso di misure anticrisi troverà il pronto sostegno della Camera che lo approva il 16 dicembre con 402 sì, 75 no e 22 astenuti. Ma sulla manovra cominciano a differenziarsi le posizioni dei partiti. Pdl, PD e Cdu confermano il loro sostegno a Monti, votano contro la Lega, Idv, Svp e Noi Sud. Stesso risultato al Senato che approva il pacchetto il 22 dicembre.

Seguono altri importanti provvedimenti. Tra gennaio e febbraio l'attenzione si sposta sul problema dell'affollamento delle carceri, su cui i radicali di Pannella conducono da tempo una forte campagna di denunce, chiedendo l'amnistia. I dati sono impressionanti: 67.000 carcerati per una capienza di appena 45.658. Le carceri scoppiano e l'UE richiama il governo italiano alla gravità della situazione, resa più drammatica da un crescente numero di suicidi.

Il ministro Severino presenta un decreto legge che prevede una maggiore frequenza di arresti domiciliari o la detenzione provvisoria nelle camere di sicurezza esistenti presso le questure. Il decreto cerca di abbreviare i tempi delle detenzioni provvisorie (che sono la maggioranza) riducendo da 96 a 48 ore il termine entro il quale avviene l'udienza di convalida. Anche il decreto legge Severino viene rapidamente approvato dai due rami del Parlamento, ma in pratica avrà scarsi risultati e le prigioni restano affollate.

Qualche difficoltà il governo incontrerà con il decreto «mille proroghe» che prolunga una lunga serie di scadenze relative alla vita amministrativa del paese, dalla proroga del vecchio sistema pensionistico per gli «esodati», coloro che in previsione del pensionamento hanno lasciato il posto di lavoro e che rischiano di rimanere senza stipendio dopo il rinvio dei termini per la pensione, al prolungamento delle scadenze per i rimborsi alle vittime dell'amianto. Su questo decreto il governo andrà sotto due volte su ordini del giorno del PD e della Lega, ma alla fine Camera e Senato danno il via libera. Resta da trovare la soluzione tecnica e finanziaria per gli «esodati», il cui numero rimane imprecisato, fino a creare una forte polemica tra il ministro del Lavoro, Elsa Fornero, il presidente dell'Inps, Antonio Mastrapasqua, e i sindacati.

Un tema oggetto di dibattito sarà il pagamento dell'Imu sugli immobili delle organizzazioni religiose. Viene accolta la distinzione tra le sedi dedicate ad attività commerciali, per cui la Chiesa accetta di pagare, e quelle riservate al culto e all'insegnamento, che verranno escluse.

## La riforma del lavoro

Ma il tema che per varie settimane resterà al centro dell'attenzione e del dibattito politico è quello della nuova organizzazione del lavoro. Protagonisti delle trattative saranno i leader delle maggiori organizzazioni sindacali, Confindustria e, per il governo, il ministro Fornero, occasionalmente coadiuvata dal ministro Passera e dal presidente del Consiglio.

Per settimane il pubblico e i media seguono le alterne vicende delle discussioni, che Monti definirà consultazioni e non trattative, chiarendo all'inizio della vicenda che, nel caso di un mancato accordo, l'esecutivo andrà avanti lo stesso, e al tempo stesso esprimendo la volontà di abbandonare una prassi antica che vedeva i sindacati interlocutori istituzionali per ogni atto di governo che riguardasse il lavoro e spesso la politica economica.

Durante la consultazione venivano affrontati il problema della tipologia dei contratti di lavoro, che negli ultimi anni si erano moltiplicati, quello del lavoro femminile, fortemente sacrificato dalla crisi, la questione della disoccupazione giovanile, dell'apprendistato e delle varie casse integrazione ordinaria, straordinaria e in deroga, e l'eventualità di una loro sostituzione con un sussidio di disoccupazione garantito a tutti, per il quale tuttavia mancavano le risorse.

Ne risultava una riforma il cui elemento principale è l'istituzione di una «assicurazione sociale» per l'impiego (Aspi) che prevede il 75% della retribuzione (ma non oltre i 1.150 euro) per tutti i lavoratori rimasti senza occupazione, a condizione che avessero almeno due anni di anzianità assicurativa. La durata dell'Aspi era fissata per un anno e diventava operativa nel 2017.

L'apprendistato retribuito diventava il mezzo principale per l'ingresso nel mondo del lavoro. Era inoltre previsto l'aumento della retribuzione per i contratti a termine e per i lavoratori a progetto, e un'indennità di attesa, per i lavoratori anziani a quattro anni dal pensionamento.

Ma la decisione più difficile, destinata a rimanere al centro del dibattito fino all'approvazione della legge che era stata preferita al decreto, e che pertanto prometteva tempi lunghi ed eventuali modifiche per la discussione in Parlamento, riguardava l'articolo 18, che da anni era oggetto da una parte di contestazioni e dall'altra di forti resistenze sindacali. Esso prendeva in considerazione licenziamenti per motivi economici, per motivi disciplinari e per discriminazioni di carattere politico, razziale o altro. Mentre negli ultimi due casi veniva confermato l'intervento del giudice per decidere la reintegrazione del lavoratore o una indennità risarcitoria, nel primo caso, quello cioè del licenziamento per motivi economici, il nuovo testo prevedeva una significativa indennità, da 15 a 27 mensilità, ma escludeva un eventuale reintegro nel posto di lavoro, salvo che il lavoratore non potesse dimostrare nel corso del processo che la giustificazione economica non sussisteva e che pertanto il licenziamento fosse motivato da altre ragioni. L'incertezza creata dalla nuova formulazione dall'articolo 18 provocava le proteste della Cgil, il sindacato più rappresentativo, seguite da quelle del PD che si riprometteva di correggere la legge nel corso del dibattito parlamentare; diversamente, il Pdl, che durante tutto il negoziato aveva incoraggiato il governo all'intransigenza e aveva chiesto che il provvedimento fosse presentato sotto forma di decreto legge, la cui approvazione più rapida avrebbe reso più difficile la correzione del testo, si schierava contro ogni modifica della proposta. Le opposte posizioni dei due principali partiti della maggioranza creavano qualche tensione e segnavano la prima vera battuta di arresto nell'itinerario, fino ad allora rapido e senza intoppi, del governo Monti.

Il conflitto che si era aperto sull'articolo 18 era per i sindacati e il PD più ideologico che giuridico, per via della lotta sindacale e politica che aveva visto la classe lavoratrice conquistare nel 1970 quello Statuto dei lavoratori di cui l'articolo 18 costituiva uno dei punti centrali. Per il premier e per molti di coloro che volevano l'applicazione integrale del nuovo testo esso era il simbolo di quel cambiamento che era l'obiettivo di fondo del governo Monti e che si sperava avrebbe proiettato all'estero l'immagine di un paese nuovamente in concorrenza nell'economia mondiale e in cui l'investimento di capitali stranieri fosse incoraggiato. Alla vigilia di un lungo viaggio che Monti era in procinto di fare nelle capitali dei paesi emergenti dell'Asia, la notizia dell'avvenuta riforma avrebbe potuto favorire l'operazione di recupero. Ma c'erano anche coloro che consideravano l'articolo 18 ininfluente e ingiustificati sia i timori dei sindacati, che nella nuova formulazione dell'articolo 18 vedevano un'occasione offerta al datore di lavoro per licenziare liberamente, sia le speranze di coloro che alla modifica dell'articolo 18 attribuivano la capacità di attrarre il capitale straniero. Giorgio Squinzi, neoeletto alla guida della Confindustria, dichiarerà alla stampa: «Altro che articolo 18. È la burocrazia che frena l'Italia».

Gli faceva eco l'«Economist» che, pur apprezzando gli sforzi di Monti per mettere ordine nel groviglio dei rapporti di lavoro, esprimeva più di un dubbio sul fatto che la riforma dell'articolo 18 avrebbe potuto attirare nuovi investimenti, data l'esistenza di «corruzione, burocrazia e criminalità organizzata».

Un sondaggio apparso all'indomani del varo della riforma del lavoro indicava una riduzione del consenso popolare al 44%. Più che un giudizio sul governo e sul suo presidente, era un indice delle preoccupazioni e delle cattive condizioni del paese, in cui le aziende in difficoltà si moltiplicavano e la disoccupazione cresceva. Quelle preoccupazioni e il disorientamento per la crisi finanziaria che, dopo una tregua apparente, stava montando con una nuova crescita dello *spread* dei titoli di stato (460-470) si confermavano con i risultati delle amministrative parziali di maggio.

Crollava la Lega che perdeva alcune delle sue roccaforti del nord (Monza, Como, Tradate); un risultato che dopo gli scandali nati dalle rivelazioni sull'utilizzo di fondi del partito a favore dei membri della famiglia Bossi non poteva sorprendere. Inattesa, almeno in quella misura, era invece l'affermazione dei «grillini» che conquistavano il comune di Parma, disastrato dalla precedente gestione di centrodestra. Si affermava il centrosinistra a cui andavano 14 sindaci (tra cui quelli di Genova, Piacenza e l'Aquila), mentre il centrodestra ne otteneva solo 6 (tra cui Frosinone, Trapani e Trani). Significativamente, Palermo votava in modo quasi plebiscitario (72%) il vecchio sindaco di tre mandati, Leoluca Orlando.

Il trend sfavorevole ai partiti storici si conferma nei mesi successivi, mentre i sondaggi continuano a segnalare un'eccezionale crescita del Movimento 5 stelle che, a metà giugno, viene dato secondo partito a ridosso di un PD che fatica a mantenere le posizioni e si presenta sempre più diviso tra la vecchia dirigenza e le contestazioni della nuova generazione.

In sofferenza anche il Pdl, sceso al di sotto del livello di guardia, il 20%, ed esposto al rischio di scissioni nell'attesa di un problematico ritorno di Berlusconi. Le difficoltà dei due maggiori partiti impegnati nella ricerca di un difficile accordo su di una nuova legge elettorale si riflettono inevitabilmente sull'azione del governo e sulle condizioni del paese.

Evitato il «baratro» (Monti) e messi in relativa sicurezza i conti del governo grazie agli aiuti della Bce e alle promesse di ulteriori integrazioni (gestione comunitaria del credito, rafforzamento dei fondi salva-stati, ecc.), resta l'altro e più impegnativo obiettivo affidato al governo dei tecnici e sua principale ragione di esistenza, e cioè lo sforzo di rilanciare la crescita, rimasta al palo per quasi un ventennio.

La chiusura di migliaia di piccoli esercizi commerciali e di fabbriche piccole e medie, con l'inevitabile conseguenza della disoccupazione, rende impellente l'obiettivo della crescita, condizione, insieme a una più equilibrata politica fiscale, dell'arresto del processo di impoverimento dei ceti sfavoriti e della stessa classe media. L'ampiezza della crisi e le nuove sfide dell'economia globale rendono necessario un nuovo modello di sviluppo. Esso richiede lo smantellamento o la drastica riforma degli apparati amministrativi che rendono difficile il processo produttivo fino a bloccarlo, un nuovo ruolo dello stato nell'economia, non da gestore come nel passato, ma come facilitatore dei procesi spontanei attraverso l'incentivazione fiscale, una seria e autentica rieducazione al lavoro dei disoccupati e la promozione della ricerca a tutti i livelli. Le riforme, ormai tradizionali (scuola, magistratura, amministrazione), sono il passaggio obbligato al nuovo modello di sviluppo, ma condizioni fondamentali restano il cambiamento della classe politica e la semplificazione sistematica delle istituzioni e dei processi decisionali.

# NOTA BIBLIOGRAFICA

# NOTA BIBLIOGRAFICA

*Opere generali*

M. Calise, *Dopo la partitocrazia. L'Italia tra modelli e realtà*, Torino, Einaudi, 1994; AA.VV., *Governo dei giudici. La magistratura fra diritto e politica*, Milano, Feltrinelli, 1996; G. Colombo, *Il vizio della memoria*, Milano, Feltrinelli, 1996; P. Ginsborg, *Storia dell'Italia*, Milano, Il Saggiatore, 1994; R. Prodi, *Governare l'Italia*, Roma, Donzelli, 1995; S. Gundie e S. Parker (a cura di), *The New Italian Republic. From the Fall of the Berlin Wall to the Rise of Berlusconi*, London-New York, Routledge, 1996; P. McCarthy, *La crisi dello Stato italiano*, Roma, Editori Riuniti, 1996; M. Salvati, *La sinistra, il governo, l'Europa*, Bologna, Il Mulino, 1997; M. Rhodes e M. Bull, *Crisis and Transition in Italian Politics*, London, Frank Cass, 1997; S. Berlusconi, *L'Italia che ho in mente*, Milano, Mondadori, 2000; F. Tuccari (a cura di), *Il governo Berlusconi. Le parole, i fatti, i rischi*, Roma-Bari, Laterza, 2002; G. Pasquino (a cura di), *Dall'Ulivo al governo Berlusconi*, Bologna, Il Mulino, 2002; P. Ginsborg, *Berlusconi: ambizioni patrimoniali di una democrazia mediatica*, Torino, Einaudi, 2003; M. Tarchi, *L'Italia populista. Dal qualunquismo ai girotondi*, Bologna, Il Mulino, 2003; L. Pepino (a cura di), *Attacco ai diritti. Giustizia, lavoro, cittadinanza sotto il governo Berlusconi*, Roma-Bari, Laterza, 2003; L. Ricolfi, *Dossier Italia. A che punto è il «Contratto con gli italiani»*, Bologna, Il Mulino, 2005; G. Napolitano, *Dal PCI al socialismo europeo, un'autobiografia politica*, Roma-Bari, Laterza, 2005; B. Vespa, *L'Italia spezzata. Un paese a metà tra Prodi e Berlusconi*, Milano, Mondadori, 2006; G. Mammarella, *L'Italia contemporanea, 1943-2007*, Bologna, Il Mulino, 2008; S. Colarizi, *Storia politica della Repubblica, 1943-2006*, Roma-Bari, Laterza, 2007.

Ottimi strumenti di lavoro per seguire la politica italiana negli anni più recenti sono i volumi pubblicati annualmente, a partire dal 1986, dall'Istituto Cattaneo, con il titolo *Politica in Italia* (Bologna, Il Mulino) e naturalmente i principali giornali quotidiani e le riviste specializzate di cui, per il loro numero, non abbiamo dato conto.

## I *partiti e i sindacati*

Sulla Lega: R. Mannheimer, *La Lega Lombarda*, Milano, Feltrinelli, 1991; I. Diamanti, *La Lega*, Roma, Donzelli, 1995; I. Diamanti, *Il male del nord: Lega, localismo, secessione*, Roma, Donzelli, 1996; U. Bossi, *Il mio progetto: discorsi su federalismo e Padania*, Milano, Sperling & Kupfer, 1996.

Su Forza Italia: A. Giglioli, *Forza Italia*, Bergamo, Arnoldi, 1994; M. Marassi, *Forza Italia*, in G. Pasquino (a cura di), *La politica italiana*, Roma-Bari, Laterza, 1995; G. Statera, *Il volto seduttivo del potere. Berlusconi, i media, il consenso*, Roma, Seam, 1995; D. Mennitti, *Forza Italia*, Roma, Ideazione, 1997; C. Golia, *Dentro Forza Italia*, Venezia, Marsilio, 1997; M. Calise, *Il partito personale*, Roma-Bari, Laterza, 2000; M. Travaglio, *L'odore dei soldi*, Roma, Editori Riuniti, 2001; *Linee guida della struttura organizzativa del movimento, Forza Italia a livello locale*, Roma, 21-22 luglio 1995.

Sul Partito democratico: M. Salvati, *Il partito democratico. Alle origini di un'idea politica*, Bologna, Il Mulino, 2003; F. Tuccari (a cura di), *L'opposizione al governo Berlusconi*, Roma-Bari, Laterza, 2004; G. Santagata, *La fabbrica del programma*, Roma, Donzelli, 2006; M. Lazar, *Democrazia alla prova: l'Italia dopo Berlusconi*, Roma-Bari, Laterza, 2007; R. Prodi, *La mia Italia*, Bologna, Carmenta, 1995; R. Prodi, *Governare l'Italia*, Roma, Donzelli, 1995.

Più in generale: A. Accornero, *La parabola del sindacato. Ascesa e declino di una cultura*, Bologna, Il Mulino, 1992; M. Carrieri, *L'incerta rappresentanza. Sindacati e consenso negli anni '90*, Bologna, Il Mulino, 1995; AA.VV., *Non basta dire no*, Milano, Mondadori, 2002; G. Giugni, *La lunga marcia della concertazione*, Bologna, Il Mulino, 2003; S. Bartolini e R. D'Alimonte (a cura di), *Maggioritario ma non troppo. Le elezioni politiche del 1994*, Bologna, Il Mulino, 1995; R. Carrocci, *Fra Lega e Chiesa. L'Italia in cerca di integrazione*, Bologna, Il Mulino, 1994; G. Pasquino, *I referendum*, in G. Pasquino (a cura di), *La politica italiana. Dizionario critico, 1945-1995*, Roma-Bari, Laterza, 1995, pp. 121-133; C. Chimenti, *Il governo dei professori. Cronaca di una transizione*, Firenze, Passigli, 1994; E. Bettinelli, *Par condicio*, Torino, Einaudi, 1995; Itanes, *Dov'è la vittoria? Il voto del 2006 raccontato dagli italiani*, Bologna, Il Mulino, 2006; I. Diamanti, *Bianco, rosso, verde e... azzurro. Mappe e colori dell'Italia politica,* Bologna, Il Mulino, 2003; R. D'Alimonte e S. Bartolini (a cura di), *Maggioritario per caso. Le elezioni politiche del 1996*, Bologna, Il Mulino, 1997; G. Gilo, *Perché il*

*Polo ha perso le elezioni*, Roma, Newton & Compton, 1996; C. Baccetti, *Il Pds*, Bologna, il Mulino, 1997; P. Ignazi, *Dal Pci al Pds*, Bologna, Il Mulino, 1992; M. Gilbert, *The Italian Revolution. The End of Politics Italian Style,*, Boulder (Co.), Westview Press, 1995; S. Fabbrini, *Tra pressioni e veti. Il cambiamento politico in Italia*, Roma-Bari, Laterza, 2000; Itanes, *Perché ha vinto il centrodestra?*, Bologna, Il Mulino, 2001; G. Pasquino, *Dall'Ulivo al governo Berlusconi*, Bologna, Il Mulino, 2002; G. Santagata, *La fabbrica del programma*, Roma, Donzelli, 2006; I. Diamanti e G. Riccamboni, *La parabola del voto bianco: elezioni e società in Veneto, 1946-1993*, Vicenza, Neri Pozza, 1992; F. Garelli, *L'Italia dei cattolici al tempo del pluralismo*, Bologna, Il Mulino, 2006; G.A. Stella e S. Rizzo, *La casta. Così i politici italiani sono diventati intoccabili*, Milano, Rizzoli, 2007.

## Le istituzioni

G. Rebuffa, *La Costituzione impossibile; cultura, politica e sistema parlamentare in Italia*, Bologna, Il Mulino, 1995; R. Romanelli (a cura di), *Storia dello Stato italiano*, Roma, Donzelli, 1995; C. Guarnieri e P. Pederzoli, *La democrazia giudiziaria*, Bologna, Il Mulino, 1996; S. Ceccanti, O. Massari e G. Pasquino, *Semipresidenzialismi*, Bologna, Il Mulino, 1997; S. Fabbrini, *Le regole della democrazia: guida alle riforme*, Roma-Bari, Laterza, 1997; M. Dei, *La scuola italiana*, Bologna, Il Mulino, 1998; S. Cassese e G. Galli (a cura di), *L'Italia da semplificare. Le istituzioni*, Bologna, Il Mulino, 2001; M. Fiorillo, *Il capo dello Stato*, Roma-Bari, Laterza, 2002; O. Petracca (a cura di), *La competitività dell'Italia, le istituzioni*, Milano, Il Sole-24 Ore, 2002; S. Fabbrini (a cura di), *L'Unione Europea. Le istituzioni e gli attori del sistema internazionale*, Roma-Bari, Laterza, 2002; S. Fabbrini, *L'europeizzazione dell'Italia. L'impatto dell'Unione Europea nelle istituzioni e le politiche italiane*, Roma-Bari, Laterza, 2003; C. Guarnieri, *Giustizia e politica. I nodi della Seconda Repubblica*, Bologna, Il Mulino, 2003; S. Ceccanti e S. Vassallo (a cura di), *Come chiudere la transizione*, Bologna, Il Mulino, 2004; S. Cassese, *La nuova costituzione economica*, Roma-Bari, Laterza, 2012; G.L. Beccaria (a cura di) *Tre più due uguale a zero. La riforma dell'Università da Berlinguer alla Moratti*, Milano, Garzanti, 2004; M. Giannini Ciampi, *Sette anni di un tecnico al Quirinale*, Torino, Einaudi, 2006; G. Mammarella e P. Cacace, *Il Quirinale. Storia politica e istituzionale da De Nicola a Napolitano*, Roma-Bari, Laterza, 2011; G. Sartori, *Mala Costituzione e altri malanni,* Roma-Bari, Laterza, 2006; F. Bassanini (a cura di), *Costituzione: una riforma sbagliata,* Firenze, Passigli, 2004; G. Napolitano, *Dove va la Repubblica? 1992-1994. La transizione incompiuta,* Milano, Rizzoli, 1994; C. Fusaro, *La rivoluzione costituzionale,* Soveria Mannelli, Rubettino, 1993; G. Pitruzzella, *Forme di governo e trasformazione della politica,* Roma-Bari, Laterza, 1997; M. D'Alema, *La grande occasione. L'Italia verso le riforme,* Milano, Mondadori, 1997; C. Fusaro, *Le radici del semipresidenzialismo,* Rubettino, 1998; S. Ceccanti e S. Vassallo (a cura di), *Come chiudere la transizione,* Bologna, Il Mulino, 2004; E. Paciotti, *Sui magistrati. La questione della giustizia in Italia,* Roma-Bari, Laterza, 1999; C. De Micheli e L. Verzichelli, *Il Parlamento,* Bologna, Il Mulino, 2004; S. Colarizi e M. Gervasoni, *La cruna dell'ago. Craxi, il Partito socialista e la crisi della Repubblica,* Roma-Bari, Laterza, 2006.

## La società

D. Della Porta, *Movimenti collettivi e sistema politico in Italia, 1960-1995,* Roma-Bari, Laterza, 1996; P. Isernia, *Dove gli angeli non mettono piede: opinione pubblica e politiche di sicurezza in Italia,* Milano, Angeli, 1996; N. Rossi, *Meno ai padri più ai figli,* Bologna, Il Mulino, 1997; L. Pennacchi, *Lo stato sociale del futuro,* Roma, Donzelli, 1997; P. Ginsborg, *L'Italia del tempo presente. Famiglia, società civile, Stato. 1980-1996,* Torino, Einaudi, 1998; A. Accornero, *L'ultimo tabù. Lavorare con meno vincoli e più responsabilità,* Roma-Bari, Laterza, 1999; F. Maino, *La politica sanitaria,* Bologna, Il Mulino, 2001; M. Ambrosini, *La fatica di integrarsi. Immigrati e lavoro in Italia,* Bologna, Il Mulino, 2001; C. Flamigni, *La procreazione assistita,* Bologna, Il Mulino, 2002; M. Buchi, F. Neresini e G. Pellegrini, *Biotecnologie, democrazia e governance dell'innovazione. Terzo rapporto su opinione pubblica e biotecnologie in Italia* (2003), www.observant.it; C. Valentini, *La fecondazione proibita,* Milano, Feltrinelli, 2004; D. Giacalone, *La guerra delle antenne. Televisione, potere e politica. I frutti del non governo,* Milano, Sperling & Kupfer, 1992; G. Losito, *Il potere dei media,* Roma, Nis, 1994; P. Mancini e G. Mazzoleni (a cura di), *I media scendono in campo. Le elezioni politiche 1994 in televisione,* Torino, Nuova Eri, 1995; G. Sani, *Mass media ed elezioni,* Bologna, Il Mulino, 2001; V. Emiliani, *Affondate la Rai. Viale Mazzini prima e dopo Berlusconi,* Roma, Garzanti, 2002; P. Murialdi, *Storia del giornalismo italiano,* Bologna, Il Mulino, 2006; P. Barile,

*Idee per il governo. Il sistema radiotelevisivo*, Roma-Bari, Laterza, 1995; G.F. Brunelli, *Chiesa in Italia 1992*, Bologna, Edizioni Dehoniane, 1993; G. Turone, *Il delitto di associazione mafiosa*, Milano, Giuffrè, 1995; S. Lupo, *Andreotti, la mafia, la storia d'Italia*, Roma, Donzelli, 1996; Ministero del lavoro e delle politiche sociali, *Libro bianco sul mercato del lavoro in Italia*, Roma, 2001; F. Adornato, *La nuova strada. Occidente e libertà dopo il novecento*, Milano, Mondadori, 2003; G. Quagliarello, *Cattolici, pacifisti, teocon. Chiesa e politica in Italia dopo la caduta del muro*, Milano, Mondadori, 2006; P. Sylos Labini, *La crisi italiana*, Roma-Bari, Laterza, 1995; I. Diamanti, *Gli italiani e lo stato. Rapporto 2007*, Demos, 2007; Censis, *42° Rapporto sulla situazione sociale del paese*, Roma, 2008; R. Perotti, *L'università truccata*, Torino, Einaudi, 2008; P. D'Addario, *Gradisca, presidente*, Reggio Emilia, Aliberti, 2009; F.G. Pizzetti, *Alle frontiere della vita. Il testamento biologico tra valori personali e promozione della persona*, Milano, Giuffrè, 2008; M. Mori, *Il caso Eluana Englaro*, Bologna, Pendragon, 2008; G. Quagliariello, *Cattolici, pacifisti, teocon. Chiesa e politica in Italia dopo la caduta del Muro*, Milano, Mondadori, 2006.

## L'economia e la finanza

*La finanza pubblica italiana. Rapporto 1996-2003*, 8 voll., Bologna, Il Mulino, 1996-2003; S. De Nardis e G. Galli (a cura di), *La discoccupazione italiana*, Bologna, Il Mulino, 1997; L. Spaventa e V. Chiorazzo, *Astuzia o virtù? Come accadde che l'Italia fu ammessa all'Unione monetaria*, Roma, Donzelli, 2000; A. Colli, *Il quarto capitalismo. Un profilo italiano*, Venezia, Marsilio, 2002; G. Galli, *Gli Agnelli. Il tramonto di una dinastia*, Milano, Mondadori, 2003; L. Gallino, *La scomparsa dell'Italia industriale*, Torino, Einaudi, 2003; T. Padoa Schioppa, *La lunga via per l'euro*, Bologna, Il Mulino, 2004; G. Tremonti, *Rischi fatali*, Milano, Mondadori, 2005; Inps, *Le pensioni domani*, Bologna, Il Mulino, 1993; Banca d'Italia, *Relazioni del governatore sull'esercizio 1994. Considerazioni finali*, Roma, maggio 1995; L. Bernardi, *La finanza pubblica in Italia*, Bologna, Il Mulino, 1993; S. Cassese, *La nuova costituzione economica*, Roma-Bari, Laterza, 2004; G. Franzini, *L'assalto al cielo*, Roma, Editori Riuniti, 2003; G. Piluso, *Il banchiere dimezzato. Finanza e impresa in Italia*, Venezia, Marsilio, 2004; G. Berta, *L'industria italiana fra declino e trasformazione*, Milano, Università Bocconi Editore, 2004; Ministero dell'Economia e delle Finanze, *Documento di programma-*

*zione economica-finanziaria 2005-2008,* Roma, 2004; R. Costi e
M. Messori, *Per lo sviluppo: Un capitalismo senza rendite e con
capitale,* Bologna, Il Mulino, 2005; M. Mucchetti, *Licenziare i
padroni?,* Milano, Feltrinelli, 2004; F. Rampini, *Effetto Euro,* Milano, Longanesi, 2002.


## La politica estera

R. Gaia, *L'Italia nel 1943-1991,* Bologna, Il Mulino, 1995;
R.H. Ulman (a cura di), *The World and Yugoslavians Wars,*
New York, Council on Foreign Relations, 1996; W. Grant, *The
Common Agricultural Policy,* London, Macmillan, 1997; R. Mo-
rozzo della Rocca, *Kosovo. La guerra in Europa. Origini e real-
tà di un conflitto etnico,* Milano, Guerini, 1999; M. D'Alema,
*Gli italiani e la guerra. Intervista di Federico Rampini,* Milano,
Mondadori, 1999; R. Franchini Sherifis e V. Astraldi, *Il G7/G8
da Rambouillet a Genova,* Milano, Angeli, 2001; K.M. Pollack,
*The Threatening Storm. The Case for Invading Iraq,* New York-
Toronto, Random House, 2002; S. Romano, *Guida alla politica
estera italiana da Badoglio a Berlusconi,* Milano, Rizzoli, 2002; G.
Mammarella, *Europa e Stati Uniti dopo la guerra fredda,* Bologna, Il Mulino, 2010; G. Mammarella e P. Cacace, *Storia e politica dell'Unione Europea,* Roma-Bari, Laterza, 2006; C. Jean, *L'uso
della forza,* Roma-Bari, Laterza, 1996; D. Della Porta e S. Tar-
row (a cura di), *Transnational Activism between the Global and
the Local,* New York, Rowman & Littlefield Publishers, 2004; A.
Marrone e P. Sansonetti, *Né un uomo né un soldo. Una cronaca
del pacifismo italiano del Novecento,* Milano, Baldini e Castoldi,
2003; M. Giuliani, *La politica europea,* Bologna, Il Mulino, 2006.

# INDICE DEI NOMI

# INDICE DEI NOMI

213

# UNIVERSALE PAPERBACKS IL MULINO